보여진다는 것

너머학교 열린교실 19

보여진다는 것

김남시 글 이지희 그림

사람은 자연학적으로는 단 한 번 태어나고 죽지만 인문학적으로는 여러 번 태어나고 죽습니다. 세포의 배열을 바꾸지도 않은 채 우리의 앎과 믿음, 감각이 완전 다른 것으로 변할 수 있습니다. 이것은 그리 신비한 이야기가 아닙니다. 이제까지 나를 완전히 사로잡던 일도 갑자기 시시해질 수 있고, 어제까지 아무렇지도 않게 산 세상이 오늘은 숨을 조이는 듯 답답하게 느껴질 때가 있습니다. 내가 다른 사람이 된 것이지요.

어느 철학자의 말처럼 꿀벌은 밀랍으로 자기 세계를 짓지만, 인간은 말로써, 개념들로써 자기 삶을 만들고 세계를 짓습니다. 우리가 가진 말들, 우리가 가진 개념들이 우리의 삶이고 우리의 세계입니다. 또 그것이 우리 삶과 세계의 한계이지요. 따라서 삶을 바꾸고 세계를 바꾸는 일은 항상 우리 말과 개념을 바꾸는 일에서 시작하고 또 그것으로 나타납니다. 우리의 깨우침과 우리의 배움이 거기서 시작하고 거기서 나타납니다.

아이들은 말을 배우며 삶을 배우고 세상을 배웁니다. 그들은 그렇게 말을 만들어 가며 삶을 만들어 가고 자신이 살아갈 세계를 만들어 가지요. '생각교과서—열린교실' 시리즈를 준비하며, 우리는 새로운 삶을 준비하는 모든 사람들, 아이로 돌아간 모든 사람들에게 새롭게 말을 배우자고 말하고자 합니다.

무엇보다 삶의 변성기를 경험하고 있는 십대 친구들에게 언어의 변성기 또한 경험하라고 말하고 싶습니다. 그래서 자기 삶에서 언어의 새로운 의미를 발견한 분들에게 그것을 들려 달라고 부탁했습니다. 사전에 나오지 않는 그 말뜻을 알려 달라고요. 생각한다는 것, 탐구한다는 것, 기록한다는 것, 읽는다는 것, 느낀다는 것, 믿는다는 것, 논다는 것, 본다는 것, 잘 산다는 것, 사람답게 산다는 것, 그린다는 것, 관찰한다는 것, 말한다는 것, 이야기한다는 것, 기억한다는 것, 가꾼다는 것, 차별한다는 것, 듣는다는 것……. 이 모든 말의 의미를 다시 물었습니다. 그리고 서로의 말을 배워 보자고 했습니다.

'생각교과서—열린교실' 시리즈가 새로운 말, 새로운 삶이 태어나는 언어의 대장간, 삶의 대장간이 되었으면 합니다. 무엇보다 배움이 일어나는 장소, 학교 너머의 학교, 열려 있는 교실이 되었으면 합니다. 우리 모두가 아이가 되어 다시 발음하고 다시 뜻을 새겼으면 합니다. 서로에게 선생이 되고 서로에게 제자가 되어서 말이지요.

고병권

차례

보여지는
나

우리 몸은 보여집니다. 다시 말해 우리는 다른 사람들에게 가시적이에요. 다른 사람들에게 내가 보인다는 건 참으로 다행스러운 일입니다. 우리 몸이 보이기 때문에 내가 길을 건널 때 차는 내 앞에서 멈추고, 거리를 걸어갈 때 사람들은 나와 부딪치지 않으려고 길을 비켜 갈 테니까요. 다른 사람들에게 내 모습이 보이지 않는다고 생각해 보세요. 사람들은 물론 차들도 나를 아랑곳하지 않고 마구 달려들겠지요.

그런데 다른 사람들에게 내 모습이 보인다는 건 늘 좋기만 한 건 아니에요. 누구나 나를 숨기고 싶을 때가, 세상에 보여지고 싶지 않을 때가 있기 때문이죠. 언니 몰래 혼자 케이크를 먹을 때만 그런 게 아니에요. 샤워를 할 때나 화장실에 갔을 때, 아니면 아무도 나를 찾지 못하는 곳에서 잠시 혼자만의 시간을 보내고 싶을 때조차 내 모습이 지속적으로 다른 사람들에게 보여진다면 어떻겠어요? 내 몸이 아예 보이지 않을 때 만큼이나 끔찍하지 않을까요?

다른 사람들에게 내가 보인다는 것, 그리고 그 사실을 내가 의식한다는 것은 이처럼 이중적이고 복잡한 성격이 있습니다. 우리의 하루하루는 이 사이에서 줄타기하듯 이루어져요. 우리는 나 자신을 남에게 보여 주기 위해 꾸미기도 하지만 보여 주고 싶지 않은 자신을 감추기도 해요. 새로 산 신발이나 헤어스타일이 마음에 들 때 우리는 내 모습이 되도록 많은 사람에게 보이기를 원하지만, 사람들에게 보이고 싶지 않은 나의 모습은 다른 사람들 눈에 보이지 않기를 바랍니다. 이 모두는 내가 나를 어떻게 생각하는지, 내 모습을 볼 수 있는 다른 사람들을 내가 어떻게 여기는지, 그들에 대해 내가 어떤 관계를 지니는지에 따라 달라지지요. '보여진다'는 것은 복잡한 사회, 문화적 사건이에요.

보여진다는 것, 그렇게 보여진다는 걸 내가 안다는 사실로 인해 우리 삶에는 복잡한 상황들이 생겨납니다. 내가 남에게 보여지고, 또 보여지지 않을 때를 내가 원하는 대로 조종할 수 있다면 참 좋겠지요? 우리 모두에게 있는 이런 바람이 투명 인간이나 투명 망토 등과 같은 상상을 하게 했을 거예요. 어쩌면 조만간 미래의 기술은 이런 우리의 바람을 현실화시킬지도 모르겠습니다만, 아직까지 우리 몸의 가시성은 숙명처럼 우리 삶에 들붙어 있어요. 우린 그와 더불어 살아가야 합니다.

이 책은 바로 이 문제에 대해 생각해 보려고 합니다. 처음에는 별것 아닌 것 같지만 이건 꽤 중요한 여러 가지 문제와 서로 연결되어 있어요. 그 문제들을 하나하나 이야기해 보기로 해요.

거울 속의 나를 보는 시선

우리는 자주 거울을 들여다봅니다. 샤워를 하고 머리를 손질하거나 외출하기 전 내 모습을 점검하기 위해 거울을 보지요. 거울에 비친 내 모습을 그저 무심하게 보지 않아요. 그러기는커녕 우리는 그 모습에 대해 하나하나 토를 답니다. '이 옷은 좀 튀는 게 아닐까? 헤어스타일이 왜 이래? 너무 뚱뚱해 보이지 않나? 옷 색깔이 왜 이래? 살을 빼야 할까? 키가 더 컸으면 좋을 텐데…….' 도대체 우리는 거울에 비친 내 모습을 누구의 눈으로 보고 있는 걸까요? 거울 속 나의 모습을 보며 이렇게 꼬치꼬치 따지게 되는 시선은 대체 누구의 것일까요? 이렇게 보였으면 좋겠다고 생각할 때 나를 보고 있는 시선의 주인은 누구일까요?

거울은 다른 사람에게 보여지는 나의 모습을 비추어 줍니다. 나는 그 모습을 다른 사람의 시선으로, 다른 사람들이 나를 본다면 어떻게 보일까를 생각하며 보고 있는 거예요. 분명 나의 눈으로 거울 속 내 모습을 보고 있는데도 그를 내가 아닌 다른 사람의 시선으로 보고 있다니, 생각해 보면 이는 참 오묘한 현상이지요. 당장 거울을 보지 않더라도, 혹은 거울을 보지 못하더라도 우리는 늘 내 모습이 다른 사람에게 어떻게 보일지 의식합니다. 누군가가 흘깃 나를 본다는 느낌을 받자마자 집에서 거울을 보고 나왔지만, 그사이에 머리가 흐

트러진 건 아닌지, 내 얼굴에 뭐가 묻은 건 아닌지 신경을 쓰게 되지요. 이처럼 우리가 살아가는 시간에는 다른 사람에게 보여지는 나를 생각하고 의식하는 시간이 적지 않은 부분을 차지합니다.

무엇으로 보여지는지 모르고 살아간다면?

우리에게는 우리 몸의 가시성에 대한 의식이 있습니다. 우리의 몸이 다른 존재에게 보인다는 것을 알고 있다는 말이에요. 다른 이에게 보여지는 자신에 대한 의식. 이런 의식은 몹시 보편적이라 여기에 철학적 명칭도 붙어 있어요. '대타(對他) 존재로서의 자기의식'입니다. 곧 타인과의 관계 속에서 타인에 대해서 생겨나는 자신에 대한 의식이라는 뜻이지요. 이를 줄여 '대타적 의식'이라고 말합니다. 도대체 이런 대타적 의식은 어떻게, 왜 생겨난 걸까요? 그건 어떻게 작동하고 있을까요?

이러한 대타적 의식은 일차적으로 생존에 중요한 역할을 합니다. 야생에 사는 동물들의 세계를 생각해 봅시다. 토끼는 호랑이를 본 순간, 더 정확히 말해 호랑이에게 자신의 모습이 보였다는 걸 알게 되는 순간 줄달음을 치며 즉시 도망가야 해요. 자신의 모습이 호랑이에게 보였다는 의식이 없이 호랑이의 멋진 털 무늬를 감상하려 했다간 금방 잡아먹힐 거예요. 호랑이가 아닌 참새나 사슴 등의 초식동물을 만난 토끼는 이와 다르게 행동할 것입니다. 이들에 대한 대타적 의식은 호랑이에 대한 대타적 의식과는 다른 종류의 것이겠지요.

야생에 사는 토끼는 호랑이에게 혹은 참새나 사슴에게 자신이 어떻게, 무엇으로 보이는지를 본능적으로 알고 있어야 합니다. 호랑이에게 자신이 먹이로 보일 수밖에 없다는 것을 본능적으로 알고 있어야 토끼는 살아남을 수 있어요. 동물에게는 본능이 대타적 의식을 규정합니다. 본능은 동물로 하여금 자신이 다른 동물에게 어떻게 보이는지 알려 줍니다. 호랑이에게 자신이 친구로 보일지도 모른다고 생각하는 토끼는 살아남기 힘들 거예요. 자신이 지각하는 사물들을 자신의 생명과 맺는 실천적 관계에 따라 분류하는 것은, 살아남기 위해 반드시 요구되며 그러한 방식으로 모든 생물은 진화 과정에서 그런 능력을 갖추어 왔습니다.

원시 자연 속에서 살아가던 인간에게도 이런 능력이 작동하고 있었을 것입니다. 본능적 능력이 자신과 마주친 존재가 자신을 잡아먹을 수도 있는 맹수임을 즉각 알아차리고 그에 알맞게 행동하게 해 주었을 거예요. 그런데 사회를 이루고 살아가는 인간에게는 내 모습을 본 타인이 나를 어떻게 볼 것인가가 본능으로만 규정되지 않아요. 그건 그 사람과 내가 맺는 관계에 따라 달라지지요. 인간과 인간 사이에는 포식자와 먹이 관계가 처음부터 규정되어 있지 않기에 내가 마주친 누군가, 내 모습을 본 누군가가 나의 적일지 아닐지를 그때마다 판단해야 합니다. 나를 본 상대와 나의 관계가 규정적이지 않으며, 유동적이라는 것이지요.

나와 나를 본 타인과의 관계가 규정적이지 않고 유동적이라는 건 서로 모순적으로 보이는 이중의 효과가 있어요. 한편으로 이는 나를 본 상대가 나를 어떻게, 무엇으로 보게 될지에 대한 불확실성과 불안의 원인이에요. 상대가 자신의 포식자인지 아닌지를 즉각적으로 판단하는 본능을 가진 동물이라면 이 불확실성에서 나온 불안감은 가지지 않을 거예요. 상대의 유니폼을 보고 적군인지 아군인지를 알아차리는 전쟁 중의 군인에게도 이런 불확실함은 없을 것입니다. 여기서는 나와 나를 본 상대 사이의 관계가 봄과 보여짐의 사건이 일어나기 전에 이미 규정되어 있기 때문이에요.

하지만 사회가 발전하고 인간들 사이의 관계가 복잡해짐에 따라 인간은 자신이 다른 이에게 보여졌다는 걸 아는 순간, 그에게 '무엇'으로, '어떻게' 보여졌는지 처음부터 단번에 알 수 없게 됩니다. 인간은 자신이 그에게 어떻게 보여졌는지에 대한 불확실함 속에서 타인과의 관계를 만들어 나가야 해요. 이것이 사람들 사이의 모든 관계 맺음이 불확실함과 불안으로부터 시작되는 이유이지요. 그러나 바로 이 사실이 우리에게 새로운 가능성을 열어 주기도 합니다. 토끼와 호랑이가 먹이와 포식자가 아닌 다른 관계를 맺을 가능성은 거의 없어요. 둘이 서로 보고 보여지는 일이 이루어지기도 전에 이미 먹이와 포식자라는 관계가 규정되어 있는 동물과는 달리 인간에게는 다양한 관계를 맺을 가능성이 열려 있어요. 이 관계맺음은 내가 다른 이를 보는 순간 그에게 내가 보여졌음을 의식하는 봄과 보여짐의 사건과 함께 시작됩니다.

타인의
시선

타인의 시선을 발견하다

공원 벤치에 앉아 주변을 둘러보고 있는 상황을 떠올려 보세요. 내 앞에는 잔디밭이 있고, 잔디밭 건너편에는 큰 호수도 있어요. 가장자리에는 나무가 심어져 있고 나무들 사이에는 작은 이름 모를 꽃들도 피어 있어요. 나는 벤치에 홀로 앉아 그 사물들을 둘러봅니다. 여기서 나는 내 주변 사물들을 보는 주체입니다. 나는 내 주변의 사물들을 지각합니다. 내 눈앞에 있는 그 사물들은 내 시선의 대상들이에요. 내가 보는 파란 하늘, 공원 주위로 심어진 나무, 초록색 잔디밭, 누군가 잔디밭 위에 두고 간 야구공 등. 그 사물들은 내가 그들을 봄으로써 나의 주변 세계를 형성합니다.

살아가면서 주변 사물들을 보는 일은 순수한 지각의 방식으로만 이루어지지 않아요. 내가 보고 지각하는 사물들은 순식간에 구체적인 내 삶의 방향과 실천에 따라 분류되지요. 하늘에서 떨어져 내리는 우박을 넋 놓고 바라보고 있다간 큰코다치겠지요? 건물 위에서 내 머리를 향해 떨어지는 물건을 보았다면 우린 거의 본능적으로 몸을 피합니다. 어떤 사물은 내게 위험한 것, 그래서 조심해야 할 것이 되고, 어떤 사물은 내게 즐거움을 주는 것, 그래서 내가 좋아하는 것이 됩니다. 어떤 사물은 내가 손으로 붙잡을 수 있는 것이고, 어떤 사물은 손으로 붙잡으면 안 되고 반드시 도구를 사용해야 하는 사물들이 됩니다. 우리가 지각하는 사물들을 이렇게 분류하는 건 단순한 호기심이나 학문적 목적 때문이 아니라, 사물들 속에서 사물들과 함께 살아가는 우리 삶의 필연적인 결과예요. 그를 통해 나를 중심으로 하는 나의 우주가 생겨나지요. 본다는 것은 이처럼 보는 것들을 내 삶과 관련하여 분류하고 그에 따라 반응한다는 것을 포함합니다.

이처럼 우리는 자신이 그에 대해 갖는 관계를 통해 내 주변의 사물들을 분류하고 규정하면서 거기에 질서를 부여합니다. 그 중심에 내가 있어요. 나는 내가 보는 사물들로 만들어지는 세계의 중심이에요. 그 사물들을 보는 나는 그것이 나로부터 얼마나 멀거나 가까운지, 내가 만질 수 있는 것인지 아닌지, 내가 좋아하는 것인지 싫어하는 것인지, 내게 위험한 것인지 아닌지 등으로 분류합니다. 말하자면 그 사물들과 나와의 관계에 따라 사물들에 질서를 부여하는 것이지요.

그런데 주변을 둘러보면서 나의 세계를 구성하던 내 눈에 다른 사람의 모습이 들어오는 순간 상황은 갑자기 바뀝니다. 그 순간 어떤 일이 벌어지는 걸까요? 그 사람이 그저 가만히 옆 벤치에 가서 앉는다 하더라도 나는 그를 잔디밭에 꽂혀 있는 팻말처럼 그냥 다른 사

물들 옆에 놓인 또 다른 사물로 분류할 수 없습니다. 그 역시 나를 포함한 그 주변의 사물을 볼 수 있는 존재이기 때문이에요. 나 자신이 내가 보고 만질 수 있는 사물들과 관계하며 내 우주를 만들듯, 그역시 그의 사물들과 그런 방식으로 관계하기 때문이지요. 그는 그의 주변을 둘러싼 사물들을 그 나름의 질서대로 분류하면서 그의 우주로 만들 것입니다. 그에게 가까운지 먼지, 그가 좋아하는 것인지 싫어하는 것인지, 위험한 것인지 우호적인 것인지에 따라 그는 자신이보는 사물들에 나름의 질서를 부여할 거예요. 조금 전까지 내가 했던 방식대로 그 역시 그가 중심에 있는 그 자신의 우주를 구성하겠지요.

그의 눈에 잔디밭이 보이듯 벤치에 앉아 있는 나의 모습도 보일거예요. 그가 나를 볼 수 있다는 걸, 내가 그에게 보여진다는 걸 의식하게 된 이후 나는 더는 혼자서 주변 사물들을 보고 있던 나와는 달라집니다. 그가 나타나기 전까지 나는 내가 보는 주변 사물들과의관계에서 그 사물들을 분류하고, 거기에 질서를 부여하는 능동적 주체였어요. 그때 나는 내 주변의 사물들을 보고 그것이 나에 대해 갖는 관계에 따라 그들을 분류하고 질서를 세우고 있었지요. 그런데그 남자가 공원에 나타나고 나서, 정확히 말하면 그에게 내가 보인다고 내가 의식하는 순간부터 나에게는 또 다른 나, 곧 '그에게 보여지는 나'에 대한 의식이 생겨납니다. 나와 내 주변 사물과의 관계 속에만 있던 내가 그 순간 그에게 보여지는 나가 된 거예요.

이전까지 나만의 우주에서 자유롭던 나는 이제 그의 눈에 보이는 대상이 됩니다. 내가 다른 사람에게 보여진다는 건 나 자신이 다른 사람의 세계의 한 요소가 되어 버린다는 것을 뜻해요. 그의 눈에 보이는 이상 나는 그가 보는 하나의 대상이 됩니다. 그가 나처럼 세계를 볼 수 있고 그렇게 보는 사물들을 통해 자신의 세계를 만들 수 있는 존재인 것을 내가 알고 있기에, 나는 나라는 존재가 그의 세계의 한 구성 요소로 환원되어 버린다는 것을 알지요. 그의 시선에 의해 나는 그의 우주의 한 요소로 편입됩니다.

나 스스로가 생각하는 나 자신과는 달리 그에게 보여지는 나는 내가 어찌할 수 없어요. 그가 보고 구성하는 세계에는 오로지 그 혼자만 접근할 수 있기 때문이에요. 내가 그에게 보여지는 순간 그의 우주 속에는, 도무지 내가 어찌할 수 없는, 내가 어떻게 할 수 없는 '나'가 생겨나는 거예요. 여기에 보여지는 나에 대한 불안감의 근원이 있습니다. 내 모습을 본 그가 나를 어떻게, 무엇으로 볼지, 나를 어떤 사람으로 분류할지 우리는 도무지 알 수 없어요. 이 불안감은 그가 나를 무엇으로, 어떻게 볼지, 그의 세계 속에서 내가 어떤 존재가 될지, 이 모든 것이 나에겐 불확실하기 때문에 생겨난 것이지요.

발각되는 나

내 시야에 타인이 등장하고, 내가 그에게 보여진다는 걸 의식함으로써 생겨나는 이 변화를 '발견'이라고 말해 봅시다. 나는 (내 외부에서) 타인을 발견하지만, 그와 동시에 그 타인에 의해 보여지는 나를 (내 의식/내부에서) 발견합니다. 내 외부에서 타인의 발견은 그에 의해 보여지는 나 자신의 발견과 결합되어 있습니다. 이러한 이중의 발견은 그 타인에게도 일어날 것입니다. 그는 (그의 외부에서) 나를 발견하고, 그와 동시에 (그의 내부에서) 나에 의해 보여지는 자신을 발견할 테니까요. 시선을 지닌 타인과 우연히 만난다는 건 이처럼 외부에서 발견한 타인에 의해 나의 내부에서 나 자신을 발견하는 과정이에요. 타인과 만남으로써 나는 타인에게 발견되면서 동시에 나 자신에게도 발견되는 거지요.

이를 '발견'이라 말한 이유는 이 순간에 생겨나는 자기의식의 특성 때문이에요. 이 순간 우리는 순식간에 '사회적 존재'가 됩니다. 나와 다른 사람이 서로 보고-보여지는 사건은 아무것도 없는 무균질의 영역에서 이루어지지 않아요. 그건 늘 일정한 규범과 가치가 작동하는 사회적 장 속에서 일어나지요. 이는 내가 '발각'되는 순간 더 분명하게 드러납니다.

'발견되다'와 '발각되다'는 비슷해 보이지만 다른 의미를 담고 있

프랑스 실존주의 철학과 문학을 대표하는
장 폴 사르트르(1905~1980년).

어요. 이 둘은 '발견'되거나 '발각'되기 전 나 자신이 처해 있는 상태
에 따라 구별되지요. '발견'되는 나는 비활동적인 나예요. 발견되는
나는 발견되기 이전부터 그냥 있는 상태의 나입니다. 그냥 있는 상
태란 예를 들어 사고로 몸을 다쳤거나 조난을 당해 아무것도 하지
못하는 무기력한 상황에서부터 지금처럼 공원 벤치에 앉아 그저 내
주변을 둘러보고 있는 상황까지 다양할 수 있어요. 어쨌든 여기서
중요한 것은 내가 어떤 행위에 적극적으로 몰입하고 있지 않은 상태
라는 것이에요.

　'발각되는 나'는 이와는 다릅니다. 이때의 나는 비활동적 상태가

아니라, 무엇인가를 맹렬히 하고 있었습니다. 발각되는 나는 다른 사람에게 보여지는 나를 의식하지 못한 채 무엇인가에 몰두해 있던 나입니다. 철학자 사르트르는 질투나 호기심에 사로잡혀 어떤 방의 문 앞에 귀를 대고 있거나 열쇠 구멍을 통해 방 안을 들여다보고 있는 경우를 예로 듭니다. 이때 나는 오로지 방 안에서 일어나는 일을 엿보고 들으려는 목표에만 들러붙어 있어요. 방 안에서 벌어지는 일에 대한 호기심이나 질투가 나를 완전히 흡수해 버려 내가 지금 무엇을 하고 있는지에 대한 자기의식이 없는 상황이에요.

그런데 갑자기 저쪽 복도에서 어떤 소리가 나고, 나는 화들짝 놀랍니다. 바로 이 순간이 내가 나 자신에게 '발각'되는 순간이지요. 열쇠 구멍을 들여다보던 나를 다른 누군가가 실지로 보았느냐 아니냐는 그다음의 문제예요. 더 결정적인 것은 이 순간 내가 나 자신에게 '발각'되는 거예요. 지금 열쇠 구멍을 통해 무엇인가를 엿보려던 나를 나 자신이 의식하게 되는 것입니다. 어쩌면 내가 들었던 소리는 바람에 창문이 흔들리는 소리일 수도, 아니면 내 옷이 문에 쓸려 나는 소리일 수도 있어요. 그런데도 그 소리는 나로 하여금 나 자신에게 '발각'되게 하는 데 충분해요. '발각된다'는 것은 내가 다른 사람에게 보여진다는 걸 평범하게 인식하는 것과는 달라요. 내가 들여다보고 있던 열쇠 구멍을 나와 함께 포착하는 타인의 시선을 의식하는 순간 나 자신이 강렬한 부끄러움과 함께 체험되는 것입니다.

타인의 시선 앞에서 생겨나는 감정

이때 나는 왜 부끄러움을 느끼는 것일까요? 발각되는 나에 대한 판단, 내게 부끄러움이라는 감정을 일으키는 그 판단은 도대체 어디서 온 것일까요? 타인에게 '발각'되는 순간의 나를 나 스스로 이렇게 판단하게 하는 규범은 어디서 온 것일까요?

발견되거나 발각되는 나는 특정한 상황 속에 있는 나입니다. 나는 책을 읽고 있거나, 음악을 듣고 있거나, 화장실에 앉아 있거나 아니면 게임을 하고 있습니다. 아마 우리 모두에게는 비슷한 경험들이 있었을 거예요. 나는 내 방에서 컴퓨터 게임을 하고 있습니다. 그 게임에 빠져 있던 순간의 나에게는 다른 사람에게 보이는 나는 좀처럼 의식되지 않아요. 내가 게임에 그만큼 더 몰두하고 있었다면, 사람들이 말하듯 '자기를 잊고' 빠져 있었다면 더욱 그렇지요. 그러한 나는 갑자기 부모님이 문을 열고 내 방에 들어오시는 순간 순식간에 의식됩니다. 그 순간 비로소 나는 특정한 상황 속에 있는 나를 알아차리게 되는 거지요.

이 순간 내게 어떤 감정이 따르게 되느냐는 그 상황 속의 내가 '어떻게' 보여지느냐에 대한 나의 판단에 달려 있어요. 평소 게임을 하는 나를 부모님이 좋지 않게 여기고 있었다면, 더 정확히 말해, 게임에 빠진 나를 부모님이 좋지 않게 생각한다는 걸 내가 알고 있었다면 이 순간 내게는 부끄러움이나 죄스러움의 감정이 일어날 거예요. 게임을 하던 순간에는 생겨나지 않았던 이 감정—만일 그랬다면 게임을 하지 않았겠지요—은 그 '상황 속에서 보여지는 나'를 내가 의식했기 때문에 생겨납니다. 게임을 하던 순간의 나를, 그를 좋지 않게 여기시는 부모님에게 보여지는 나를 내가 의식했기 때문이에요. 하지만 반대의 경우도 생각해 볼 수 있어요. 다른 사람의 시선을 의식하지 못하던 내가 갑작스럽게 그를 알아차리고서 자랑스러움이 생겨날 수도 있습니다. 그 순간 내가 부모님이 좋아하실 만한 행동, 예를 들어 책을 읽거나 공부를 하고 있었다면 말이죠.

내가 '발각'되는 순간의 부끄러움과 자랑스러움은 그 순간 내가 처해 있던 상황에 대한 나 자신의 판단에 따라 달라집니다. 부모님에게 꾸중을 듣거나 칭찬을 받기도 전에, 그 순간 내가 처해 있던 상황이 나 자신에게 부정적인 것일 때 나는 부끄러움을 느낍니다. 반대로 그 상황이 나 자신에게 긍정적일 때 나는 자랑스러움을 느낍니다. 꾸중이나 칭찬을 듣고 나서 생겨나는 게 아니라, 보여지는 나를 의식한 순간 생겨나는 이 감정들은 그 순간의 나에 대한 나 자신의 판단으로부터 나온 거예요. 이 순간 내게 생겨나는 이런 감정은, 나 자신이 사회적 존재임을 알려 주지요. 다른 사람들과의 관계 속에서만 생겨날 수 있는 부끄러움이나 자랑스러움의 감정과 더불어 보여지는 순간 나는 나 자신을 사회적 존재로 의식하는 거예요.

● 시선의 힘을 빼앗긴 동물원의 동물*

내가 타인에게 보여진다고 의식하는 순간 우리에게는 불확실한 물음이
생겨납니다. "이 상황 속에서 보여진 나는 그에게 어떻게 판단될 것인
가?" "그는 나를 어떻게 판단할까?" 이런 물음이 생겨나는 이유는 첫째는
타인과 나의 관계가 규정적이지 않고 유동적이기 때문이며, 둘째는 그
타인이 그에게 보여진 나를 무엇으로, 어떻게 판단할지에 대해 자유롭기
때문이에요. '발각'되는 자신의 모습에서 부끄러움을 느끼는 이유는 내
가 나의 모습을 보는 그 타인에게 자유로움을 부여하기 때문입니다. 내

---

* 존 버거, 『본다는 것의 의미』(박병수 옮김, 동문선), 「제1부 왜 동물들을 구경하는가?」를
  참조했습니다.

가 부끄러움을 느낀다는 것은 그에게 보여진 나의 모습을 판단하고, 분류하는 그의 자유를 내가 인정하기 때문입니다. 그에게 보여지는 나를 판단하는 데 그가 전적으로 자유롭다고 내가 생각하기 때문입니다.

나에 의해 타인에게 부여된 이 자유가 그의 시선이 내게 갖는 힘의 원천이에요. 타인의 시선이 우리에게 갖는 힘은 우리가 그에게 부여하고 있는 자유로움에서 나옵니다. 타인이 내 모습을 어떻게 평가하고 판단할지 우리가 알 수 없기에, 곧 그 판단과 평가에 있어 그 타인이 자유롭기에 그의 시선이 내게 힘을 발휘하는 것이지요. 그런데 우리는 나를 보는 타자에게 이러한 자유를 강제로 빼앗을 수도 있어요. 그렇게 자유가 강탈된 시선, 자유로움을 빼앗긴 시선 앞에서 우리는 부끄러움을 느끼지 않을 수 있게 되고, 그 타자의 시선은 우리를 부끄럽게 할 능력을 잃게 되지요.

그 대표적 사례를 동물원에 갇힌 동물들에게서 볼 수 있어요. 우리는 야생에서 살던 동물들을 붙잡아 케이지에 가두어 놓고는 볼거리로 삼습니다. 이 동물들이 자유롭게 살아가는 밀림 속에서 호랑이나 자칼, 하이에나나 곰 같은 맹수와 마주쳤다면 우리는 이들이 우리를 바라보는 시선을 쉽게 무시할 수 없었을 거예요. 밀림에서 마주친 맹수는 우리의 일거수일투족에 민감한 촉수를 세우고, 언제든 우릴 공격하거나 덮치려고 준비하면서 우릴 바라볼 거예요. 결국 우리는 그 동물들의 시선 앞에서 얼어붙거나 공포를 느끼겠지요.

이와는 달리 인공적으로 조성된 환경 속에 감금된 동물원의 동물들은 서로 격리되어 다른 종들과 상호작용 할 수 없을 뿐 아니라 쇠창살 바깥을 향해서도 아무 영향을 끼칠 수 없습니다. 동물원 관리자에게 주기적으로 먹이를 공급받기에 포식자에게 보여지는 자신의 가시성을 의식할 기회도 없으며, 먹잇감에게 보여지지 않고 다가가 사냥을 할 필요도, 능력도 잃어버립니다. 동물원의 동물들에겐 자신이 바라보는 다른 동물들을 자신의 생명과 직결된 실천적 관계에 따라 분류할 기회가 강제로 빼앗기는 것이지요. 이와 더불어 그 동물들이 가졌던 시선의 힘도 무력화됩니다.

동물들을 케이지에 가두고, 고립시키고, 사육자에게 의존하게 만듦으로써 우리는 자연 속 동물들이 가지고 있던 시선의 힘을 철저하게 빼앗아 버렸습니다. 동물원 동물들이 케이지 바깥에서 그들을 구경하는 사람들에게 별다른 관심도, 흥미도 가지지 않는 이유가 여기에 있을 겁니다. 그 동물들을 구경하는 사람들도 자기 자신이 그 동물들에게 '보여진다'고는 좀처럼 의식하지 않아요. 그 앞에서는 다른 사람의 시선 앞에서는 하지 못할 행동들도 별 부끄러움 없이 행할 수 있는 것도 그 때문이지요. 동물원 동물들도 분명 눈을 가지고 있고 가끔 그 눈을 케이지 바깥에 있는 우리에게 향하기도 하지만, 그 시선은 우리 자신이 발각되거나 발견되게 할 힘을 가지고 있지 않습니다. 동물원의 동물과 우리 사이에는 보고-보여지는 상호작용이 일어나지 않습니다. 인간은 케이지 속의 동물을 일방적으로 바라보는 주체이고 동물들은 보여지는 대상일 뿐이지요.

내 안에 자리 잡은 타인의 시선

다른 사람에게 보여지는 나에 대한 의식에는 사회적 존재로서의 자신에 대한 의식이 포함되어 있어요. 사회적 존재로서의 자기의식이란 사회, 곧 다른 사람들과의 관계 속에서의 나에 대한 의식을 말해요. 다른 말로 하자면 내가 다른 사람에게 '어떻게', '무엇으로' 보일까에 대한 자기의식입니다. 자기의식이 다른 사람에게 보여지는 자신에 대한 의식과 뗄 수 없이 결합되어 있는 이유는 자기의식 자체가 형성되는 과정 때문이에요.

심리학자들에 의하면 자기의식의 토대는 태어나서 여섯 살 정도까지의 시기에 형성됩니다. 그 출발점에 다른 사람에게 보여지는 자신의 모습에 대한 의식이 자리 잡고 있어요. 정신분석학자 라캉은 이를 거울을 보는 아기의 사례를 들어 설명합니다. 거울에 비친 자기 모습을 보는 아이는 그 모습을 보며 미소 짓는 부모의 표정을 함께 봅니다. 거울 속 자신의 모습을 보는 아이의 시선에는 자신의 모습에 반응하는 부모의 시선이 겹쳐져 있다는 것이지요. 아기가 더러운 걸 입에 넣으려 할 때 부모는 화들짝 놀라 그를 저지하고, 웃거나 예쁜 짓을 하면 기뻐해요. 아이는 자기의 표정과 모습에 따라 부모의 반응이 달라진다는 것을 확인하고는 자신의 모습 중 어떤 모습이 긍정적으로 받아들여지는지, 어떤 모습이 부정적 반응을 불러내는

지를 경험합니다. 그런 방식으로 아이는 보여지는 자신의 모습에 대한 부모의 반응을 통해서 하면 안 되는 행동과 허락된 행동을 습득하지요. 보여지는 자신의 모습에 대한 다른 사람들의 반응을 경험하는 것이 자기의식의 뿌리에 있다는 것입니다.

자기의식에는 이상적 자아(Ideal-Ego)와 초자아(Super-Ego)가 포함되어 있어요. 이상적 자아란 자기 스스로가 '이상적'이라고 상정하는 자아예요. 위에서 말한 자기의식의 형성 과정과 관련지어 본다면 이상적 자아란 부모를 즐겁고 기쁘게 하는 보여지는 자신의 모습에 대한 의식으로 정의할 수 있지요. 내가 어떻게 보여졌을 때 그들이 기뻐하고 흐뭇해하는지를 알게 되면서 우리에게 형성되는 것이 이상적 자아입니다. 부모의 호의적 반응을 불러내는 나의 모습이 나의 자기의식에 자리 잡아 내가 추구하고 따라야 할 모델이 되는 것이에요. 반면 부모를 화나게 하는 나의 모습, 부모가 싫어하는 나의 모습은 내가 하지 말아야 할 회피 모델로 자기의식 속에 자리 잡게 되는데, 그것이 내 속에서 그를 감시하고 규제하는 역할을 하는 '초자아'가 됩니다.

이런 방식으로 나의 자기의식에 자리 잡은 이상적 자아와 초자아는 나의 행동과 모습을 판단하고, 어떤 것은 억제하고 어떤 것은 자랑스럽게 여기는 내 내면의 심판관으로 작동합니다. 나의 자기의식 속에 자리 잡게 된 초자아는 나 자신의 행동, 나의 모습뿐 아니라 심지어 나의 생각이나 욕구까지 관찰하며 규제합니다. 그것이 우리로 하여금 옆 학생의 시험지를 훔쳐보고 싶은 마음을 억누르게 하고, 시험을 앞두고 유튜브를 시청하는 걸 자제하게 만들며, 나 자신에게 '이래서는 안 돼'라고 다잡게 하지요. 누가 보고 있지 않아도 우리 자신 속에서 '이렇게 해야 돼', '이런 행동을 해서는 안 돼'라고 판단하고 금지하거나 '잘했어'라고 칭찬해 주는 심리적인 감시자가 우리 내부에 자리 잡는 것이지요.

초자아와 이상적 자아는 다른 사람(처음에는 부모)에게 보여지는 자신에 대한 의식에서 생겨난 거예요. 그러니 이는 내 속에 들어와 내가 나를 보는 나의 시선이 되어 버린 다른 사람의 시선이라고 말할 수 있겠지요. 거울에 비친 나의 모습을 보면서도 결국 다른 사람의 시선을 작동시키게 되는 이유도, 다른 사람들에게 어떻게 보일까를 생각하며 나 자신의 모습과 행동을 볼[의식할] 수 있게 된 이유도 여기에 있습니다. 대타적 의식이란 내 속에서 작동하는 타인의 시선과 다름없다고 말할 수 있어요.

● 무단투기 금지 벽보/감시 카메라

얼마 전 동네에서 흥미로운
벽보 하나를 발견했습니다.
아이의 눈 사진을 붙여 놓고
그 위에 "우리 아이가 보고
있습니다. 쓰레기 무단투기
금지"라고 쓰여 있었어요.
이 벽보는 '발각되는 나'를
의식하게 만들려는 목적이
있습니다. 몰래 쓰레기를 버
리려는 나의 모습을 타인의
시선으로 보게 만들려는 것

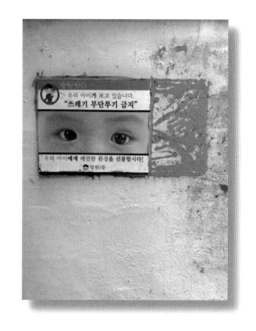

이지요. 몰래 쓰레기를 버리고 있는 상황 속의 자신을 의식함으로써 우
리 자신에게 부끄러움을 불러일으키려는 것이지요.

　흥미롭게도 여기서 그 타인은 아이의 모습을 하고 있어요. 쓰레기를
무단으로 버리려는 사람에게 '그 상황 속의 자신의 모습'을 그를 바라보
는 아이의 시선으로 보고 의식할 것을 요구하는 거예요. 이 어린아이가
당신의 그런 행동을 어떻게 평가할지 생각해 보라. 만일 아이가 그 행동
이 나쁘다는 걸 알지 못해 그를 평가하지 못한다면 더 안 좋다. 그 아이

가 커서 당신과 똑같은 행동을 할 것이기 때문이다. 자, 이런 아이의 시선이 당신의 행동을 보고 있다는 걸 아는데도 쓰레기를 무단투기 할 셈인가!

여기 등장한 아이의 눈은 실지로 우리를 볼 수 있는 눈이 아니라 사진일 뿐이에요. 그러니 이 벽보가 우리가 하는 행위를 실지로 감시하고 있다고는 결코 말할 수 없어요. 이 벽보가 무단투기 직전의 우리에게 소리를 치거나 손을 뻗어 우리를 제지할 리도 없겠지요. 그러니 이 벽보의 효과는 오로지 이 벽보를 보는 사람의 내면에서만 생겨날 수 있습니다. 이 벽보는, 아이의 눈을 보여 줌으로써 우리에게 있는 능력, 곧 자신의 행동을 다른 사람의 시선으로 보고, 의식할 수 있는 능력에 호소하는 것이에요. 이 사진-눈이 성공하려면 우리를 우리 자신에게 '발각'되게 해야 할 것입니다. 자기의식 속에 자리 잡은 초자아와 이상적 자아를 자극해 사회적 존재로서의 자신을, 다른 사람에게 보여지는 자신의 모습과 행동을 의식하도록 해야 해요. 내 속에 자리 잡은 타인의 시선을 활성화시켜야 합니다.

요즘에는 이런 캠페인성 벽보보다 감시 카메라가 설치된 경우가 더 많아요. 감시 카메라는 누군가의 무단투기 행위를 증거물로 남길 수 있어요. 하지만 벽보와 마찬가지로 카메라 역시 그 자체로 쓰레기를 버리려던 순간의 나를 물리적으로 제지할 수는 없습니다. 일이 끝난 뒤 무단투기자를 적발해 내는 증거물을 만들 수는 있지만 일어나고 있는 사건이나 행위 자체를 막지는 못하니까요. 무단투기를 막기 위해서는 사람들의 내면에 있는 타인의 시선을 활성화시켜야 합니다. 그를 위해 카메라가 벽보보다 더 효과적일까요? 자신의 행동이 기록으로 남을 수 있다는 사실이 타인의 시선으로 자신을 보고, 보여지는 자신을 의식하는 데 더 큰 힘을 발휘할 수 있을까요?

최근에는 무단투기가 자주 일어나는 골목 어귀에 새로운 것이 설치된 걸 보았습니다. 가까이 다가가기만 해도 불이 켜지면서 '쓰레기를 무단투기 하지 맙시다'라는 경고가 자동으로 재생되는 기계장치였어요. 켜지는 불빛과 목소리를 통해 쓰레기를 버리는 순간 꺼져 있던 내 속의 타인의 시선을 흔들어 깨우려는 것이죠. 여기에는 감시 카메라도 장착되어 있었습니다. 이 장치가 감시 카메라보다 무단투기 방지에 더 큰 효과를 얻을 수 있다면 그 이유는 어디에 있을까요?

시선의 힘,
시선의 능력

타인의 시선에 저항하는 힘

이렇게만 이야기하니 마치 우리가 늘 다른 사람에게 보여지는 자신을 판단하는 사회적 규범에 따라서만 살아가고 있다고 생각할 수도 있겠네요. 우리 내면에 들어와 있는 타인의 시선이 우리를 옴짝달싹하지 못하게 지배하고 있어 우리는 그로부터 전혀 벗어날 수 없는 건 아닌가라는 우울한 생각이 들 수도 있고요. 하지만 실제는 그렇지 않습니다. 어떻게 아냐고요? 우리가 살아가는 사회의 문화가 지금 이 순간에도 계속 변화한다는 걸 보면 알 수 있어요.

앞에서 우리는 포식자-먹이 관계가 미리 규정되어 있는 동물들에서와는 달리 인간들 사이의 관계는 규정적이지 않고 유동적이라고, 사람들 사이의 관계맺음은, 처음에는 불확실하고 불안하기만한, 서로가 서로에게 보고 보여지는 사건을 통해 비로소 출발한다고 말한 바 있습니다. 이는 내가 다른 사람에게 무엇으로, 어떻게 보여지는지가 미리 규정되어 있는 것이 아니라 보고 보여지는 과정을 통해 비로소 생성되고 변화될 수 있다는 것을 의미하지요. 누군가를 보고 그에게 보여지는 과정은 관계의 형성에, 그렇게 해서 형성되는 관계는 또한 서로 보고 보여지는 과정에 상호적으로 영향을 주고받는다는 것입니다.

위에서 말한 자기의식의 형성 과정을 예로 들어 봅시다. 아이에게 생겨나는 이상적 자아와 초자아는 부모에게 보여지는 자신에 대한 의식을 통해 생겨나요. 이는 일차적으로는 자신이 하는 특정 행동에 대한 부모의 반응을 아이가 경험함으로써 이루어지지요. 그렇다고 해서 아이가 태어나 그 아이를 접하기 이전부터 부모가 가지고 있던 규범이나 가치관이 그대로 아이의 자아 이상과 초자아로 유입되지는 않아요. 여기에는 아이의 기질이나 특성도 함께 작용합니다. 왼손잡이로 태어난 아이를 오른손잡이로 만들려는 부모의 시도는 성공하기 어려워요. 어느 순간 부모는 왼손잡이라는 아이의 특성을 받아들이게 될 것이고 그에 따라 아이와 부모의 관계는 변화할 것입니다. 아이가 특별히 단 것을 좋아하는 모습을 본 부모는, 아이의 건강을 생각해 그를 제재하겠지만 또 어느 정도는 아이의 취향을 고려하기도 하겠지요.

부모와 아이의 관계는 이처럼, 처음부터 정해져 고정되어 있는 부모의 규범과 가치의 틀에 일방적으로 아이를 끼워 넣는 것도, 혹은 아이의 기질적 특성과 취향에 부모가 끌려 가기만 하는 것도 아니에요. 아이를 만남으로써 부모도, 또 부모를 만남으로써 아이도 서로 변화되어 간다는 거예요. 여기에서 서로 보고 - 보여지는 사건이 중심적인 역할을 수행합니다. 부모의 반응을 통해 자신이 어떻게 보여진다는 걸 유추하는 아이 역시 부모를 기쁘고 즐겁게만 하도록 자기 행동을 맞추지는 않아요. 어떨 때 아이는 그를 거절하고, 반항합니다. 장래에 의사가 되길 바라며 아이에게 사 준 장난감 의료 도구를 아이는 전혀 엉뚱하게 가지고 놀 수도 있지요. 처음에는 갈등과 불편함이 생겨나겠지만 그를 통해 부모가 가지고 있던 규범과 가치를 변화시키기도 합니다. 이처럼 아이와 부모는 보고 보여지는 과정을 통해 서로를 변화시키면서 새로운 관계를 형성해 나가는 거예요.

우리가 사는 사회 공동체도 마찬가지입니다. 모두가 타인의 시선

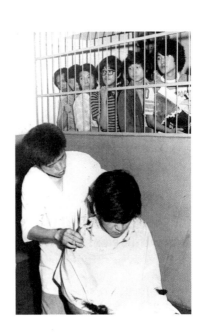

1970년대 남자들의 머리 길이를 단속하는 모습. 기습 단속에 걸린 사람들은 경찰서에 마련된 임시 이발소에서 강제로 머리를 깎였다.

에 내재하는 규범과 가치에 따라 자신의 모습과 행동을 맞추어 나가기만 한다면 새로운 문화는 등장할 수 없을 거예요. 혁신적 패션이나 헤어스타일은 처음 등장했을 때 익숙하지 않은 사람들에게 반발심과 거부반응을 불러일으키기 쉬워요. 우리나라에 처음 미니스커트가 등장했을 때 많은 사람은 그 패션을 뻔뻔스러운 도발이라고 여겼습니다.

남자들이 머리를 기르는 일도 마찬가지였지요. 그래서 거리에서 경찰이 여자들의 치마 길이와 남자들의 머리 길이를 단속하는, 지금 보면 어처구니없는 일조차 있었습니다. 우리 사회 전체가 이런 보수적 시선을 받아들였다면 남자들의 긴 머리, 여자들의 짧은 치마가 지금처럼 누구나 자유롭게 선택할 수 있는 스타일이 되지 못했을 거예요. 이것이 가능해진 건 사람들이 발칙하고 도발적이라 여기는 모습을 과감히 드러내 보인 사람들이 있었고, 그를 통해 사회적 규범 가치가 변했기 때문이에요. 지금은 너무도 당연한 일이 된 여성의 사회 진출도 이런 과정을 거쳐 가능해졌습니다. 공부를 하고, 직업을 갖고 사회 활동을 하는 여성을 부정적으로 보던 시선에 용감

SHE HAS THE RIGHT TO DRIVE
#WOMEN2DRIVE

사우디아라비아 여성의
자동차 운전권을 지지하는 슬로건.

히 도전해 온 사람들이 있었기 때문이에요.

2018년 이전까지 사우디아라비아에서는 여성의 운전이 법으로 금지되어 있었어요. 오토바이는 말할 것도 없고 승용차를 운전했다는 이유로 여성

사우디아라비아 여성의 운전을
지지하는 캠페인 포스터.

들이 구속되고 신분증을 압수당했습니다. 여성에게 얼굴과 몸을 가리는 히잡을 착용하게 하는 것은 물론, 2011년 전까지는 여성에게는 투표권도 허락하지 않고, 남성 후견인(아버지, 오빠, 남편)의 허락이 없으면 교육과 결혼, 이혼은 물론 병원 치료조차 받을 수 없었던 오래된 보수적 문화의 산물이지요. 2011년부터 이에 대한 저항운동이 본격화되기 시작했어요. 운전하는 여성에 대한 부정적 시선에 맞서 운전의 권리를 얻기 위해 싸우기 시작한 선도적인 여성들이 이를 주도했습니다. 여기서 운전하는 여성들의 셀카가 중요한 역할을 했어요. 사회적 비난과 법적 제재의 위협에 맞서 많은 여성이 운전석에 앉아 핸들을 잡고 있는 사진이나 영상을 소셜 네트워크에 올려 공유했던 거지요. 운전하는 여성을 부정적으로 보던 기존의 가치 규범에 저항해 자기 자신을 '다르게' 보기 시작한 여성들이 그런 자신의 모습을 과감히 보여 주었던 것이에요. 결국 사우디아라비아 정부

는 2018년 6월 여성 운전 금지 법안을 철폐하였고 여성들은 운전할 수 있는 권리를 얻었습니다.

기존의 규범과 가치에 도전하고 급기야 그를 변화시키는 일은, 나 자신을 '다르게' 보는 데에서 출발합니다. 우리가 속한 사회의 공동 체적 앎이 사물을 특정한 방식으로 보도록 유도하지만, 우리에게는 또한 그렇게 봄으로써 못 보게 되는 것이 있음을 알고 그와는 '다르게' 볼 수 있는 능력이 있어요.(이에 대해선 『본다는 것』에서 이야기했어요.) 세상과 타인을 '다르게' 볼 수 있는 이 능력이야말로 내 속에서 작동하는 타인의 시선에 저항할 수 있는 출발점이에요. 세상과 타인을 '다르게' 볼 수 있다면 나는 나 자신을 내 속에서 작동하는 타인의 시선과 '다르게' 볼 수 있게 되고, 나아가 그런 나를 세상을 향해 드러내 보여 줌으로써 당대를 지배하는 시선의 가치 규범을 바꾸고 변화시켜 갈 수 있기 때문이에요. 이것이 가능한 이유는 우리 사회의 규범, 가치관, 심지어 세계관은 사람들이 서로를 보고, 서로에게 보여지는 사건들 속에서, 다르게 보고 - 보여짐의 미세한 사건들을 통해 바뀌어 가기 때문입니다.

사랑의 시선은
왜 특별한가?

우리에게는 시선과 관련한 두 가지 능력이 있어요. 하나는 자신의 모습과 행동을 다른 사람의 시선으로 보고, 의식할 수 있는 능력이고, 다른 하나는 세상과 타인, 나아가 나 자신을 '다르게' 볼 수 있는 능력이에요. 이 둘은 정도를 달리하면서 우리 일상에서 함께 작동하고 있지요. 다른 사람의 시선으로 나의 모습과 행동을 볼 수 있는 능력은 내가 속한 사회의 가치 규범에 따라 나의 모습과 행동을 반성하게 하면서 나를 사회적 존재로 만듭니다. 한편, 다르게 볼 수 있는 능력을 통해 우리는 내 속에 자리 잡은 타인의 시선을 일방적으로 받아들이지 않고, 사회적 규범과 가치를 넘어 새로움을 감행할 수 있습니다.

그런데 이와는 전혀 다른 성격을 갖는 시선이 있어요. 사랑하는 사람들 사이의 시선이에요.

어머니가 어린 아기를 바라봅니다. 갓 태어난 아기는 아직 사물에 초점을 맞추어 제대로 볼 수 없어요. 어느 순간 그 아이가 자신을 바라보는 어머니의 눈에 초점을 맞출 수 있는 때가 옵니다. 아이가 자신을 보고 미소를 짓는 순간은 모든 부모에게 생애에서 가장 행복한 순간의 하나일 거예요. 자신이 아이에게 보여지고 있다는 것을, 자신이 그 아이를 그토록 맑게 미소 짓게 하는 존재로 보여지고 있다는 것을 깨닫는 순간이지요. 자신이 아이 앞에 있다는 사실만으로도 아이를 미소 짓게 할 수 있다는 건 놀라운 경험입니다. 그건 평상시의 사회생활 속에서는 좀처럼, 아니 거의 느낄 기회가 없는 경험이에요. 그런 점에서 모든 부모는 이런 진귀한 경험을 하게 해 준 자식들에게 감사해야 합니다.

사랑하는 두 사람이 서로를 바라보네요. 이때 나는 사랑하는 상대를 바라보는 주체이면서 동시에 그 사람의 시선을 받는 객체이기도 해요. 내가 사랑하는 사람이 나를 바라본다는 것, 내가 사랑하는 사람에게 내가 보여진다는 걸 아는 것은 멋진 경험입니다. 사랑하는 사람의 시선은 우릴 부끄럽거나 화들짝 놀라 '발각'되게 하지 않습니다. 그 시선은 우리의 행위를 특정한 규범과 가치판단에 따라 판정하는 판정자의 시선이 아니기 때문이지요. 사랑하는 사람의 시선은 나의 모습과 행위를 있는 그대로 받아들입니다. 그 시선 앞에서라면 나 자신의 모습과 행위를 그의 기준에 맞추어야 한다는 당위도, 그의 시선을 거부하면서 나 자신을 유지시켜야 한다는 부담도 필요 없어요. 그의 시선은 내게 맞서, 나를 닦달하거나 몰아대지 않기 때문이에요.

내가 그 사람에게 사랑받고 있다는 의식은 내가 나 자신의 모습을 행복하게 바라볼 수 있게 합니다. 그에게 사랑받는 나의 얼굴, 손과

다리, 나의 몸을 나는 어떤 다른 기준에 따라 고치거나 그에 맞추어
야 할, 그런 점에서 부족하고 열등한 것으로 보지 않기 때문이에요.
나를 사랑하는 그 사람의 시선으로 나를 바라보면서 나는 나 자신을
온전하게 긍정합니다. 여기서는 내가 생각하는 나 자신과 다른 사람
에게 보여지는 나, 대자적 자아와 대타적 자아가 갈등하지 않아요.
누군가를 볼 때마다 나도 모르는 사이에 마음속에서 기쁨이 일어난
다면 나는 그 사람을 사랑하고 있는 거예요. 내가 그에게 보여지고

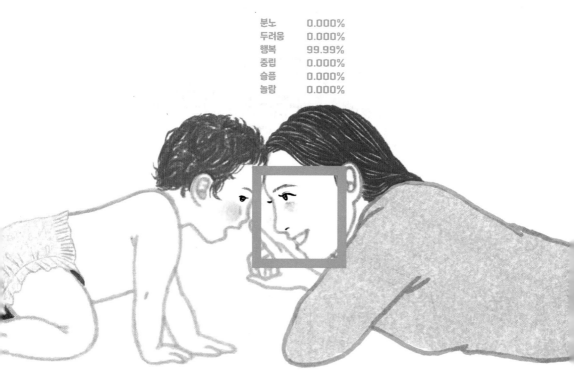

분노   0.000%
두려움   0.000%
행복   99.99%
중립   0.000%
슬픔   0.000%
놀람   0.000%

있다는 사실이 나를 행복하게 한다는 건 내가 그 사람을 사랑하고 있는 것이죠. 서로의 시선을 함께 바라본다는 건 서로가 서로에게 속수무책으로 자신을 내놓는다는 것이고, 사랑하는 시선은 서로가 서로를 향해 자신을 속수무책으로, 온전히 내놓으면서도 '발각'될 우려를 하지 않아도 되는 시선이기 때문이에요. 서로를 바라봄으로부터 시작되는 사랑의 정점은 사랑하는 사람에게 사랑받으며 보여지는 경험에 있습니다.

아쉽게도 이런 사랑의 시선을 경험하고 또 유지해 나간다는 건 결코 쉬운 일이 아니에요. 나의 존재 그 자체만을 사랑하던 부모님이 내가 무엇을 하고, 무엇을 하지 않기를 바라게 되는 순간, 내가 사랑하던 사람에게 그저 내 곁에 있다는 것을 넘어서는 무엇인가를 내가 기대하는 순간, 사랑의 시선은 순식간에 사라져 버려요. 나는 나에게 무엇인가를 요구하고, 그 요구를 통해 나를 평가하는 그 시선 앞에서 더는 편안함을 느끼지 않게 되고, 나는 그 시선의 요구에 부응하려고 애쓰거나 그를 거절해야 하는 양자택일의 상황으로 내몰리기 때문이지요. 우리가 사는 사회가 사람들에게 무엇인가를 성취하고 이루어 내기를 요구할수록, 그들의 존재가 아니라 그들의 성과를 더 중요하게 여길수록, 사랑의 시선은 힘을 잃고 사라져 갑니다.

보여지고 싶은
욕망

보여지고 싶은 나의 모습, 나의 이미지

우리에게는 다른 사람에게 보여지고 싶은 욕망도 있습니다. 이 욕망은 내가 다른 사람에게 보여지고 싶은 대로 내가 보여지는 것을 목표로 하지요. 그런데 이 욕망은 어떻게 충족될 수 있을까요? 보여지고 싶은 나의 모습을 (다른 사람에게) 어떻게 보여 줄 수 있을까요? 일차적으로는 자신의 모습을 그렇게 가꿀 수 있겠지요. 우리가 거울을 들여다보며 애쓰는 이유예요. 거울에 비친 나, 곧 보여지는 나와 보여지고 싶은 나 사이, 현실적 자아와 이상적 자아 사이에는 간극이 있지요. 사람들은 그 간극을 메우기 위해 거울 앞에서 오랜 시간을 보내기도 하고, 또 성형수술을 하기도 합니다. 하지만 그렇게 한다고 해서 이 간극이 근본적으로 사라지지는 않지요.

그보다 더 수월한 방법은 자신의 이미지를 만드는 거예요. 보여지고 싶은 욕망은 그 이미지를 통해 충족될 수도 있어요. 다른 사람에게 보여지고 싶은 나의 모습을, 보여지고 싶은 내 모습의 이미지를 만드는 것이지요. 누군가를 그린 그림이나 사진이 모두 보여지고 싶은 욕망에서 나온 것은 아니나, 자신의 모습을 담은 그림이나 사진에 이 보여지고 싶은 욕망이 작동하는 건 틀림없는 것 같아요.

우리는 그림으로도 또 사진으로도 나의 이미지를 만들 수 있지만 그림과 사진 사이에는 큰 차이가 있습니다. 『본다는 것』에서 자세히 이야기했듯, 눈으로 본다는 것은 카메라로 찍는 것과는 매우 달라요. 우리의 눈은 세상의 사물들을 매개로 자신의 이미지를 만들어내요. 그것은 단순한 지각의 산물이 아니에요. 여기에는 개인적이거나 집합적인 앎이 작용하기 때문입니다. 무엇인가에 큰 충격과 쇼크를 겪었던 사람이면 그와 비슷한 형체를 갖는 대상을 보고는 공포감을 느끼면서 보겠지요? 자신이 좋아하던 사탕이나 초콜릿이 있으면, 그 포장지와 비슷한 색깔이나 형태를 가진 다른 물건은 더 쉽게, 더 금방 눈에 띌 것입니다. 본다는 것에는 내가 과거에 경험했던 것이 함께 작용하고 있기 때문이에요.

나아가 본다는 일은 나 혼자만이 아닌, 내가 속해 있는 공동체가 사물을 보아 왔던 과거의 시선도 크게 영향을 미칩니다. 이러한 이유로 '한 사물을 볼 때 우리가 무엇을 보는가'라는 질문에 대한 대답은, 그저 그 사물을 카메라로 찍어 보여 주는 것만으로 이루어질 수 없어요. 거기에는 그것을 보는 사람이 어떤 공동체에 속하고, 어떤 앎을 가지고 있는지에 대한 인류학적, 문화학적 연구가 함께 이루어져야 해요. 사람의 손으로 그려진 그림들은, 이러한 시선의 역사를 증거하는 사물들이에요. 그 그림들은 화가들이 나무를, 마을 풍경을, 통치자를, 군인을, 다른 동물들을 보았을 때 '무엇을' 보았으며, 그를 '어떻게' 보았는지를 알려 줘요. 그림을 그린 사람은 한 명의 개인이지만 그가 그 사물을 바로 '그렇게' 보았던 데에는 그가 속해 있던 사회, 문화적 배경이 함께 작동하고 있기 때문이지요.

그런데 사진이 등장하면서 이러한 시각의 역사성, 시각의 문화성이 흔들리게 됩니다. 피사체에서 반사된 빛을 광학적으로 포착해 생성되는 사진은 세상의 사물을 보는 데 작동할 수밖에 없는 인간 시각의 문화성과 역사성에서 벗어나기 때문이에요. 사진은 렌즈 앞에 있는 사물을 '무엇'으로, '어떻게' 볼지 고민하지 않고 그대로 찍어 내요. 바로 이 점에서 사진은 그림으로 그리는 초상화와는 근본적으로 다른 성격을 갖습니다. 초상화에서는 내가 원하는 나의 모습과 카메라 렌즈에 비친 나의 모습의 간극은 화가에 의해 메워질 수 있지만, 사진에서는 그것이 힘들기 때문이에요. 이 장에서 우리는 초상화에서 사진, 디지털 카메라와 셀카까지 서로 다른 이미지 매체들에서 보여지고 싶은 욕망이 어떻게 작동하는지 생각해 보고자 합니다.

왕과 권력자의 보여지고 싶은 욕망

보여지고 싶은 욕망이 이미지를 통해 이루어지는 한, 이러한 이미지를 제작하는 능력을 지닌 화가나 조각가들이 여기서 중요한 역할을 수행합니다. 화가에게 초상화를 의뢰하는 사람은 무엇을 원하고 있을까요? 그는 자신의 모습이 자기 주변에 있는 사람들을 넘어서, 자신이 죽은 후에야 세상에 태어날 후손들에게까지도 알려지기를 원하는 것이 아닐까요? 이렇게 본다면 자신의 이미지를 만들게 한다는 건, 자신의 모습이 다른 사람에게 그것도 자신과 시공간을 공유하지 않는 사람들에게까지 보여지려는 욕망의 산물이라고 말할 수 있어요.

과거 시대 왕이나 황제는 물론 오늘날의 권력자들도 되도록 많은 사람에게 자신의 모습이 보여지기를 원하지요. 고대 로마에서는 새로운 황제가 등극하면 그의 초상화와 흉상을 제작해 거대한 로마제국 전체에 배포했습니다. 각 지역 영주들은 황제의 초상화나 흉상을 받아들임으로써 새로운 황제의 지배를 승인하는 의례를 행했습니다. 황제의 이미지는 중요한 행사에 황제를 대신해 참석하기도 했으며, 사람들은 살아 있는 황제처럼 그 이미지를 경배해야 했어요. 로마에 살던 초기 기독교인들은 이 황제 이미지에 대한 경배를 거절한다는 이유로 목숨을 잃기도 했고요. 이렇게 사용되던 로마 황제의 조각상이 지금도 3,000점 이상 남아 있어요. 이런 초상화나 흉상뿐 아니라 주화도 황제의 모습을 알리고 확산하는 데 중요한 역할을 했어요. 시민들의 일상에 깊숙이 침투되어 있어 언제든 마주하지 않을

고대 로마 초대 황제 옥타비아누스.
카이사르 사후 로마의 전권을 장악
했다.

수 없고 또 함부로 버리거나 훼손하지도 않을 테니 주화는 아주 이
상적인 이미지담지체였던 셈이지요.

조각과 그림, 주화에 실린 고대 로마 황제의 이미지는 로마제국
의 넓은 지역에 걸쳐 황제의 정치적 권력을 공고히 하는 중요한 매
개물이었어요. 그렇기에 그 이미지들이 황제를 어떤 모습으로, 어떻
게 보이게 하는가는 정치적으로도 핵심적인 일이었죠. 적잖은 조각

상이나 그림은 왕을 신화나 역사 속 영웅의 모습으로 그려요. 사람들이 권력자가 신과 같은 권위를 가지고 있다고 믿었던 절대주의 왕권 시대 권력자들에게는 바로 그러한 모습으로 보여지는 것이 중요했지요. 프랑스의 루이 왕이나 나폴레옹 황제의 초상화들이 감히 범접할 수 없는 위엄과 화려함을 갖추고 있는 이유도 그 때문이에요. 권력자는 더욱 많은 사람에게 보여지고, 누구나 그가 권력자임을 알아볼 수 있어야 공공적 인물이 됩니다. 왕이나 황제에게 보여진다는 건, 그를 통해 자신의 권력의 힘이 작용한다는 것과 같은 의미예요.

평양 만수대 언덕에는 무려 20미터가 넘는 김일성과 김정일 동상이 세워져 있어요. 그 거대한 크기만으로도 사람들을 압도하는 데다가 전체가 금박으로 칠해져 햇빛을 반사하기까지 하지요. 그 아래에서 동상을 올려다보는 사람들의 눈으로는 한 번에 포착되기 힘들 만큼 거대하기에 아주 먼 곳에서도 볼 수 있고요. 오른팔을 들어 앞으로 뻗고 있는 김일성 동상의 자세는, 예를 들어 박정희 동상처럼 다른 독재자들의 동상에서도 자주 발견되는 포즈입니다. 저 앞에 있는 밝은 미래를 가리키면서 맞이하는 비전과 포용력을 갖춘 지도자라는 인상을 주기 위함이지요.

사람들에게 어떻게, 어떤 모습으로 보여지는가는 예나 지금이나 권력자들에게는 생명과도 같습니다. 그렇기에 권력자의 이미지를

장 오귀스트 도미니크 앵그르가 그린 나폴레옹의 초상화. 여러 역사적 상징을 화려하고 섬세하게 그려 넣었다. 1806년, 파리 군사박물관 소장.

만드는 화가나 조각가는 권력자의 모습이 어떻게 보여야 하는지에 대한 규범을 철저히 따라야 했지요. 고대 이집트 시대 왕들의 그림과 조각이 몇 천 년에 걸쳐 거의 변하지 않는 자세와 포즈를 취하고 있는 건 이런 이유에서입니다. 차려 자세로 서거나 앉아 있는 왕의 표정은 근엄하게 굳어 있고 자세는 엄격합니다. 자칫 방만해 보일 수 있는 자유로운 자세는 금물이에요. 왕은 신과 동일시되었으므로 인간으로서의 모습보다는 신적인 권위 있는 모습으로 보여져야 했기 때문이에요.

그리스 시대에 오면 신들의 모습도 더 자유롭게 변합니다. 한쪽 다리에 무게 중심을 놓고 다른 쪽 다리를 자유롭게 한 콘트라포스트(contrapost) 자세가 등장해요. 사랑에 빠지고, 질투하고, 앙갚음하는 등 인간적 속성들을 지닌 신들의 모습에 어울리지요. 이 영향을 받아 로마 황제들의 이미지는 자연스럽고 사실적이지만 황제로서의 권위나 위엄은 여전히 갖추고 있습니다.

초상화와 초상사진

시간이 지나면서 권력자뿐 아니라 귀족, 나아가 일반 시민 계층도 자신의 초상화를 그리게 할 정도가 되었어요. 초상화가에게 자신의 이미지를 만들어 달라고 의뢰하는 거지요. 초상화 의뢰자는 초상화가가 바로 그런 모습으로 자신의 이미지를 만들어 주길 원할 거예요. 화가는 의뢰인의 이러한 욕망을 고려해야 합니다. 그렇다고 의뢰인과 전혀 닮지 않은 그림을 그릴 수도 없는 노릇이니 화가들은 의뢰인의 보여지는 모습과 보여지고 싶은 욕망 사이의 간극을 절묘하게 해결해야 했겠지요? 화가들이 가졌을 부담, 아니 긴장감은 그 의뢰인의 권력과 지위가 높아질수록 커졌을 거예요. 결과적으로 화가들은 실물에 충실하기보다는 의뢰인의 보여지고 싶은 욕망을 따르는 쪽을 택했어요. 화가들은 보이는 모습과 보여지고 싶은 욕망 사이의 간극을 메워 주던 사람들이었던 셈입니다.

이러한 사정은 19세기 말 사진이 이전 시기 초상화를 대체하기 시작하면서 변화하기 시작합니다. 물론 사진사도 여전히 고객의 요구에 따라 사진을 찍어 주려 노력하겠지만 기본적으로 사진 자체가 그림과는 달리 찍히는 인물을 이상화시키기 쉬운 매체가 아니에요. 사진에 찍힌 자기 모습을 난생처음 본 사람들이 분노하거나 항의하는 경우도 있었다는 걸 보면, 사진 이미지는 보여지고 싶은 욕망보다 보이는 모습에 더 가깝다는 건 분명해 보입니다. 초상화라는 매체에서 보여지는 나와 보여지고 싶은 나 사이의 간극은 화가를 매개로 해결될 수 있었어요. 화가는 나의 실물, 곧 보여지는 나에 바탕을 두지만 보여지고 싶은 나의 욕망을 고려할 수 있기 때문이지요. 이와는 달리 사진은 보여지는 자신과 보여지고 싶은 자신 사이의 간극의 문제를 발생시켰습니다. 사진에서는 나의 보여지고 싶은 욕망을 고려해 줄 화가 같은 인물이 없으니까요. 결과적으로 사진과 더불어 보여지고 싶은 욕망은 카메라의 기술적 조건과 밀접하게 연결되기 시작해요.

카메라 앞에서 포즈 취하기

나는 아직도 사진 찍히는 게 어색해요. 카메라가 나를 향하고 있다고 느끼자마자 꽤나 불편하고 불안한 느낌에 사로잡히기 쉬워요. 카메라를 통해 나의 모습이 하나의 이미지로 변형되어 버린다는 걸 알기 때문이에요. 롤랑 바르트라는 사진 이론가는 그 불편함과 불안감을 이렇게 설명합니다.

> 카메라 렌즈가 나를 향하고 있다고 느끼자마자 모든 것이 변한다. 나는 '포즈를 취하는' 태도를 취하면서, 그 자리에서 나를 다른 육체로 만들고, 이미 나 자신을 [사진에 찍히기에] 앞서 하나의 이미지로 변형시켜 버린다. 이 변형은 능동적인 것이나, 나는 사진이 제멋대로 내 육체를 만들어 내거나 죽여 버린다고 느낀다. …… 하나의 이미지 – 나의 이미지 – 가 태어날 것이다. 나는 불유쾌한 개인으로 세상에 태어날까 아니면 '멋진 놈'으로 태어날까? 어떻게 하면 고전적인 유화에서처럼 고귀하고 지적인 용모로 등장하는 데 '성공'할 수 있을까?
>
> – 롤랑 바르트, 『Die helle Kammer』, 19~20쪽에서

초상화에서는 나 자신이 원하는 '고귀하고 지적인 용모'로 등장하는 데 성공할 가능성이 큽니다. 내 모습을 그려 주는 화가가 있기 때

문이죠. 그런데 카메라는 보여지고 싶은 나의 욕망을 고려하지 않고 내 모습을 있는 그대로 포착해 내는 무자비한 기계예요. 원하는 모습이 나올 때까지 여러 장의 사진을 찍어 선택하거나, 그도 맘에 안들면 사후 보정까지 할 수 있는 기술이 등장하기 전, 사진에서 내가 '멋진 놈'으로 태어날 가능성은 전적으로 카메라 렌즈 앞에선 나 자신에게만 맡겨져 있지요. 나는 내가 원하는 나의 모습을 내 몸으로 연출하려고 애쓸 수 있을 뿐이죠. 내가 할 수 있는 일은 포즈를 취하는 거예요.

포즈(pose)라는 단어는 동사로도 명사로도 사용됩니다. '무엇인가를 놓다, 세우다'라는 라틴어 동사 'ponere'에서 나왔고, '사진에 찍히거나 그려지기 위해 특정한 자세(position)에 머무르다'라는 의미가 있어요. 말하자면 포즈를 취한다는 건 사진에 찍히기 위해 자기자신을 특정한 방식으로 '놓거나 세운다'는 뜻이지요.[이로부터 '그런 척하다(pretend)'라는 부정적 의미도 도출됩니다.] 어떤 자세로, 어떤 방식으로 자신을 놓거나 세울 것인가는 내가 어떻게 보여지고 싶은가에 따라 달라질 테니, 포즈는 보여지고 싶은 욕망과 밀접한 관련이 있음이 분명합니다. 사진에 찍힐 때 우리는 최대한 내가 보여지고 싶은 모습대로 나 자신을 '놓거나 세우기' 위해 애를 쓰지요. 그것이 포즈입니다.

부동자세에서 순간 포착까지

여기서 흥미로운 건 카메라 앞에서 포즈를 취하는 가능성 자체가 사진 기술의 발전과 더불어 변화되어 왔다는 것입니다. 사진이 발명된 지 얼마 되지 않은 초창기에 사진을 찍으려면 카메라 앞에서 10분 남짓 움직이지 않고 있어야 했어요. 최초로 대중화된 사진 기술인 다게레오타이프(Daguerrotype)는 필름이 아닌 은판을 사용하였는데, 빛에 반사된 영상이 은판에 감광되려면 그만큼 오랜 노출 시간이 필

1844년 루이 다게르가 다게레오타이프로 촬영한 자신의 모습.

초창기 사진을 촬영하는 모습을 보여
주는 삽화. 앉아 있는 사람 뒤쪽에 머리
와 몸을 고정시키는 버팀목이 있었다.

요했기 때문이에요. 그사이에 몸을 움직이면 이미지가 뭉개지거나
사라져 버려요. 그렇게 오랫동안 몸을 움직이지 않고 부동자세로 있
기란 쉽지 않아 그를 위한 보조 기구를 사용했어요. 당시 사진을 찍
던 장면을 보여 주는 삽화가 있어요. 화가이자 사진가였던 도미에가
1856년에 그린 거예요. 앉아 있는 사람 뒤쪽에 머리를 고정시키는
버팀목이 보이지요? 카메라에 노출되는 10여 분 동안 머리와 몸을
고정시키기 위한 장치예요.

  이런 식으로 사진을 찍는다면 도대체 어떤 포즈가 가능할까요? 땅
에서 튀어 오른 후 공중에 뜬 채 10여 분간 부동자세를 취할 수 있는
진짜 초능력자가 아니라면 요즘 우리가 즐겨 찍는 '장풍 샷'이나 '점
프 샷' 같은 건 도저히 불가능하겠지요? 눈을 찡그리거나 입을 벌려
얼굴을 익살스럽게 만든 표정 사진도 찍을 수 없어요. 미소를 짓는

영국의 사진작가 프레더릭 스콧 아처.

간단한 표정만을 오래 유지하는 것도 힘든 일인데 다른 표정들은 어
련하겠어요? 그러니 이런 조건에서는 근육이 긴장하지 않는 가장 편
한 자세와 오랫동안 유지될 수 있는 표정만 사진에 찍힐 수 있습니
다. 사실상 이건 아무 표정도 짓지 않고 어떤 자세도 취하지 않은 상
태, 달리 말하면 표정 짓기와 자세 취하기를 '그만둔' 상태, 포즈를
취하려는 걸 '내려놓은' 상태라고도 말할 수 있을 거예요. 이 시기에
사진 속 인물들이 어딘가 굳어 있고 근엄하며 생기 없어 보이는 건
이 때문이에요.

이런 사정은 1851년 프레더릭 스콧 아처가 은판 대신 콜로듐을

바른 유리판을 사용해 노출 시간을 크게 단축한 사진 기술을 고안해 냄으로써 바뀝니다. 이제 사람들은 사진을 찍기 위해 카메라 앞에서 부동자세로 붙들려 있지 않아도 되었어요. 카메라 셔터가 열렸다 닫히는 짧은 시간의 노출만으로 이미지가 포착될 수 있게 되었어요. 그 이후 사진의 발전은 감광 시간을 단축시켰고, 현재는 1,000분의 1초의 셔터 속도도 표준에 속하게 되었어요. 이런 사진들을 가리켜 '스냅사진'이라고 부릅니다. 순식간에 낚아챈다는 의미가 있는 '스냅(snap)'이란 단어를 사용한 것이죠. 그런데 이렇게 빨라진 셔터 속도는 다게레오타이프에서와는 정반대의 문제를 낳았어요. 사진이 우리의 모습을 포착하는 시간이 너무 짧아진 결과, 보여지고 싶은 나를 연출하려는 순간과 조리개가 열려 내 모습이 포착되는 순간이 서로 빗겨 나가는 거예요. 사진이 찍히는 그 짧은 순간에 나도 모르게 눈을 감았거나, 얼굴을 다른 곳으로 향했거나, 헤어스타일이 이상하거나, 표정이 일그러져 있는 등 이른바 '굴욕 사진'도 이로 인해 생겨나게 되었어요.

필름 카메라에서 디지털 카메라로

스냅사진은 다게레오타이프와는 다른 이유에서 보여지고 싶은 나의 욕망과 갈등을 일으켜요. 사진이 찍혀 내 이미지가 만들어지는 그 짧은 순간 나 자신의 모습을 컨트롤하기 힘들게 된 탓이에요. 이미지 이론가 조르주 디디 위베르만은 이런 조건 속에서 포즈를 취하는 것에 대해 이렇게 말합니다.

> 포즈취함이란, '바로 그' 순간을 맞추어야 한다는 것 말고는 사실상 아무것도 알지 못하는, 찍혀지는 순간에 대한 기대이다. 그것은 마치 매우 단순하면서도 수수께끼 같은 위급함과 같다. 그 순간 내가 나 자신과 동일해야만 한다는 위급함 말이다. 곧 그 순간이, 바로 지금이라도, 올 것이다. 하지만 그 순간은 너무 늦거나 너무 빠른 위험과 더불어 온다.
>
> – 조르주 디디 위베르만, 『Erfindung der Hysterie』 중에서

스냅사진을 찍을 때 우리는 셔터가 열렸다 닫히며 내 모습을 포착하는 그 짧은 순간에 보여지고 싶은 나의 표정과 자세를 맞추어야 합니다. 문제는 그 순간이 늘 '너무 늦거나 너무 빠르게'와 버린다는 것이에요. 그 순간은 내가 기대하고 기다리던 순간과 서로 빗나가기 쉬워요. 이런 빗나감은 셔터를 누르는 이가 내가 아니라 다른 사람일 경우 더 커져요. 보여지고 싶은 나의 모습을 사진으로 남기는 데 실패할 위험이 커져요. 그럼 그 사진은 지워 버리고 다시 찍으면 되잖아요! 누군가 이렇게 생각할지도 모르겠네요. 하지만 놀라지

마세요. 디지털 카메라가 나오기 전에는 그게 그리 쉬운 일이 아니었습니다.

디지털 카메라가 등장하기 전에는 필름 카메라를 사용했어요. 필름 카메라로 사진을 찍으려면 반드시 카메라에 필름을 장착시켜야 했습니다. 필름 카메라 뒤 뚜껑을 열면 필름을 넣는 공간이 있는데, 거기에 한 롤에 약 3,000~4,000원(전문가용이면 더 비쌌지요.) 정도 하는 필름을 조심스럽게 집어넣고 다시 뚜껑을 닫습니다. 셔터를 돌려 필름이 감광판 위에 오도록 장착하고 나서야 비로소 촬영 준비가 끝나지요. 이런 필름 카메라로 사진을 찍고 그렇게 찍힌 사진을 보는 일은 디지털 카메라의 경우와는 많이 다릅니다.

무엇보다 필름 카메라에는 방금 찍은 사진을 그 즉시 확인할 수 있는 기능이 없어요. 그를 위해선 필름에 기록된 광학적 신호를 우리 눈에 보이게 하기 위한 인화가 필요해요. 인화를 하려면 먼저, 촬영을 통해 필름에 기록된 눈에 보이지 않는 잠상을 화학약품을 통해 고정시켜 네거티브 화상으로 만들어 내는 과정을 거쳐야 하는데, 이 과정은 빛이 들어오지 않는 암실에서 이루어져야 합니다. 일반인들이 하기 힘든 이 복잡한 절차를 대신해 사진을 인화해 주는 곳이 지금은 많이 사라진 인화소입니다. 필름 카메라에 장착된 한 롤의 필름을 다 찍고 나서 (한 롤로는 보통 24~36장 정도의 사진을 찍을 수 있어요.) 조심스럽게 카메라에서 빼내어 그것을 인화소에 맡기면 통상

하루나 이틀이 걸려야 인화된 사진을 받을 수 있었어요. 그러니 필름 카메라에서는 방금 찍은 사진을 그 즉시 확인한다는 건 불가능한 일이었지요.

필름 카메라로 사진을 찍을 때에는 내 손에 인화된 사진이 주어지기까지 내 모습이 어떻게 찍혔을지 알지 못했어요. 나중에 받아 본 사진 속 나의 모습이 내가 기대했던 모습과 전혀 다르더라도 내겐 선택의 여지가 없었지요. 사진이 찍히는 순간 눈을 감았거나, 맘에 들지 않는 표정을 짓고 있었다면 그냥 운이 없었다고 받아들일 수밖에 없었어요. 인화된 사진을 없애 버릴 수는 있어도 그렇게 찍힌 나의 모습 자체를 바꿀 수 있는 가능성은 없었어요. 사진을 다시 찍을 수는 있지만 그러려면 다시 필름을 구매해 촬영하고 인화소에 맡겨 사진이 나오기를 기다리는 과정을 반복해야 합니다. 시간과 비용이 추가되어야 하는 건 물론이고, 애초에 사진을 찍었던 그 장소와 그때의 분위기를 다시 만난다는 건 불가능해요. 그렇게 재촬영을 하더라도 내가 원하는 사진이 나오리라는 걸 보장해 주는 건 아무것도 없어요.

이런 점에서 보자면 디지털 사진은 많이 다릅니다. 무엇보다 사진에 찍힌 내 모습을 그 즉시 확인할 수 있다는 건 큰 장점이에요. 셔터를 누른 직후에 찍힌 사진을 확인할 수 있고 마음에 들지 않으면 금방 삭제하고 그 자리에서 다시 사진을 찍을 수도 있지요. 필름과 인화 비용을 걱정하지 않고 수십 장의 사진을 연속으로 찍고 그중 가장 맘에 드는 것을 선택할 수도 있고요. 원한다면 포토샵 같은 앱을 사용해 수정할 수도 있어요. 한마디로 보여지고 싶은 나의 모습을 사진으로 남기는 데 성공할 확률이 훨씬 높아지겠지요?

촬영한 필름을 인화소에 맡겨야 했던 필름 카메라의 경우, 내 카메라로 내가 찍은 사진을 내가 아닌 다른 사람(인화 작업을 하는 사람)이 먼저 볼 수밖에 없었어요. 이 사실은 부지불식간에 사진을 찍을 때 일종의 자기 검열이 생겨나게 합니다. 다른 사람에게 보여지기 민망하다고 여겨지는 사진을 찍기가 어렵게 되는 것이지요. 인화하지 않아도 찍은 사진을 확인할 수 있고, 원한다면 스스로 종이에 프린트해 가질 수도 있는 디지털 카메라의 또 다른 장점이 여기에 있습니다. 인화 과정에서 다른 누군가가 내 사진을 보게 될 걸 걱정하지 않고 자유롭게 자신의 이미지를 연출해 낼 수 있는 거지요. 인화 과정을 최초로 개인화시켰던 폴라로이드 카메라가, 어른들의 검열에서 자유로운 다채로운 청소년들의 스타일 사진으로 각광을 받았던 데에도 이런 이유가 있었던 거예요.

● 보여지는 걸 의식한다는 것

디지털 카메라는 우리의 이미지에 큰 변화를 일으켰어요. 디지털 카메라가 장착된 스마트폰을 통해 우리는 언제, 어느 순간에도 사진을 찍을 수 있지요. 우리는 우리가 보는 모든 순간을 사진으로 남길 수 있을 뿐만 아니라, 그 모든 순간 속의 자신의 모습도 이미지화할 수 있어요. 네트워크를 통해 이 순간들의 사진을 사람들과 공유할 수도 있고요. 내가 찍은 사진을 인터넷에 올려 많은 사람과 함께 보는 일이 우리의 일상이 되었습니다. 전 세계적으로 하루에도 수십만 장의 사진이 네트워크에 올라오며, 사람들에게 보여집니다. 이러한 상황은 우리로 하여금 자신의 모습을 타인의 시선으로 보도록, 다른 사람에게 보여지는 자신을 의식하도록 만들지요.

우리는 자신의 모습이 다른 사람에게 보인다는 걸 알고 있는 존재입니다. 앞에서 이야기했지만, 그것은 나 자신에 대한 나의 관계에 큰 영향을 미칩니다. 나는 나 자신을 타인의 시선으로 바라보면서 평가하며 규제하거나 때로는 그에 반발하기도 하면서 살아갑니다. 그렇다고 해서 우리가 살아가는 모든 순간에 늘 타인의 시선을 의식하는 것은 아니에요. 우리에게는 보여지는 나를 의식하지 않는 혹은 의식하지 못하는 순간이 있어요. 내 신체의 가시성을 망각하는 순간, 내가 다른 사람에게 보일 수 있다는 사실을 잊는 시간들이에요. 그 순간 우리의 모습은 그렇지

에드워드 호퍼, 「아침햇살」,
101.98×71.5cm, 1952년, 콜럼버스 미술관 소장.

않았을 때와는 달라 보입니다.

미국 화가 에드워드 호퍼는 보여지는 자신에 대해 전혀 의식하지 않은 채 회한과 그리움, 상념에 빠진 인물들을 기막히게 그려 놓았어요. 그의 그림에 등장하는 많은 인물은 창문 너머를 바라보며 자기 자신 속에 몰두해 있어요. 이 순간 이 인물들은 자신이 다른 사람들에게 보일 수 있는 존재라는 것을 전혀 의식하지 않는 듯합니다. 이 인물들은 자신 속에 침잠해 있는 가운데 철저히 혼자예요.

그림 속 이 순간만큼은 그들 자신이 보여진다는 것을 조금도 의식하지 못한 채, 이들은 창을 향해 있습니다. 이 인물들이 고독하게 보이는 것은 그림 속에서 이들이 혼자 있기 때문만이 아니에요. 이들은 자기 자신의 상념, 회한 혹은 그리움 속에 빠져 있는 행위 속에서 전적으로 혼자이기 때문이지요. 이들은 '혼자'입니다. 사르트르의 표현을 빌자면, 이들은 오로지 그들의 회한이나 상념에 의해 완전히 흡수되어 있어요. 이들은 혼자인데, 그건 그들의 신체를 객체로 보는 우리에게 그들이 있는 공간에 그들 외에 다른 사람이 존재하지 않는다는 의미에서 혼자이기만 한 것이 아니에요. 그들이 빠져 있는 회한이나 상념, 그리움 혹은 호기심 말고는 그 어떤 다른 것도 그들에게 존재하지 않는다는 의미에서 철저히 혼자인 거예요. 보여지는 자신을 의식하지 않는 상태. 오직 그런 상태에서만 나타날 수 있는 사람들의 모습을 호퍼는 날카롭고 섬세하게 포착하고 있는 것입니다.

호퍼의 그림 속 인물들의 표정을 연예인들의 셀카와 비교해 보면 그 차이가 확연하게 다가옵니다. 연예인의 셀카를 생각해 보세요. 그의 표정에서 우리는 그가 사진을 통해 자신의 모습을 보게 될 수많은 사람을 '의식'하고 있다는 것을 알 수 있어요. 그는 자신의 모습이 많은 사람에게 보여질 것이라는 걸 알고 있지요. 그런 점에서 이런 사진에 등장하는 인물은 전혀 외로워 보이지 않아요. 셀카는 혼자 찍는 사진이지만 여기서 스스로 찍고 찍히는 주체는 결코 혼자가 아니에요. 다른 사람들에게 보여질 자신의 모습을 철저하게 보고(의식하고) 있기 때문이에요.

셀카에 등장하는 인물은 호퍼의 그림에 등장하는 인물들과는 달리 고독하지 않습니다. 카메라 렌즈를 향하는 그들의 시선은, 그 카메라의 배후에 있을, 그 카메라가 만들어 주는 사진을 바라볼 수많은 타인의 시선을 향하고 있어요. 호퍼의 인물들이, 상념 속에서 자신을 잃어버리고 있다면 셀카에 찍힌 인물들은 자기 자신을 '보여짐' 속으로 채워 넣는다고도 말할 수 있지요. 이들은 스스로의 보여짐을 철저히 의식하면서 가장 예쁜 포즈와 표정으로 자신의 이미지를 만들어 냄으로써 자기 자신과 타인의 시선의 욕망이 공명하는 공간 속에 자신을 위치시킬 줄 압니다.

오늘날 우리는 호퍼의 그림에서처럼 철저히 혼자인 표정을, 다른 사람에게 보여진다는 걸 의식하지 않는 얼굴을 만나기 힘듭니다. 오늘날 우리가 접하는 거의 대부분의 인물 사진은 자신이 사진에 찍힌다는 걸 의식하고 있는 사람들의 모습이에요. 오늘날의 매체적 환경 속에서 우리는 어떤 순간에도 자신이 보여진다는 것을 자신이 혼자일 때조차도 보여질 수 있다는 것을 의식하게 되었기 때문이에요.

미국 사진작가 필립 로르카 디코르시아는 호퍼가 그림으로 그렸던 그런 상태의 사람들의 모습을 찍은 사진으로 유명합니다. 모두가 보여지는 자신을 의식하는 데 익숙해 있는 오늘날의 상황에서 보여지는 자신을 의식하지 않는 사람의 모습을 사진으로 찍는다는 건 결코 쉬운 일이 아니에요. 그러기 위해서는 특별한 방법이 필요합니다.

디코르시아의 사진 연작 시리즈 #Heads는 뉴욕 타임스퀘어를 지나가는 행인들의 모습을 담고 있습니다. 사람들이 자신이 사진에 찍힌다는

디코르시아의 사진 연작 시리즈
#Heads.

걸 모르게 하려고 그는 리모컨으로 작동하는 카메라 플래시를 타임스퀘어 공사장 비계에 설치하고 약 6미터 이상 떨어진 거리에서 500밀리미터 줌렌즈를 사용해 찍었어요. 이런 방식으로 디코르시아는 자신이 사진에 찍힌다는 걸 의식하고 있었다면 생겨나지 못했을 '무방비 상태' 사람들의 표정을 사진에 담았지요.(물론 이는 법적으로 논란이 될 만한 방법이었고, 실지로 그는 사진에 찍힌 사람에 의해 소송에 휘말리기도 했지요.)

대낮에 찍었지만, 플래시 불빛 때문에 주변이 어둡게 보여 행인 한 명한 명이 홀로 조명을 받는 영화 속 주인공처럼 두드러져 보여요. 자신이 사진에 찍히고 있다는 걸 알지 못한 사람들은 자신만의 생각에 잠겨 있어요. 그의 사진은 묘한 매력을 지닙니다. 자신이 사진에 찍힌다는 걸 의식하고, 심지어 사진에 잘, 예쁘고 멋있게 나오기를 바라고 있는 사람들의 모습과 비교해 보면 디코르시아의 사진에는 어딘가 새로운 것이 있습니다. 디코르시아의 사진 속 인물들의 모습을 SNS에서 흔하게 볼 수 있는 셀카 사진들과 한번 비교해 보세요. 그들 사이에 어떤 차이가 느껴지나요?

미국의 유명한 미술작가 신디 셔먼의 작품 무제영화 스틸 2번과 무제영화 스틸 81번은 둘 다 욕실에서 거울을 들여다보는 여인의 모습을 찍은 사진입니다. 차이가 있다면 무제영화 스틸 2번은 해상도가 조금 떨어진다는 것뿐이지요. 신디 셔먼의 사진에는 다양한 방식으로 분장하고 연출된 작가 자신이 등장해요. 이 사진도 그렇게 찍힌 거예요. 그런데 유명한 미술 비평가 로잘린드 크라우스는 이 작품 두 개를 비교하면서 놀랄 만한 관찰을 이끌어 냅니다. 크라우스에 따르면 무제영화 스틸 2번의 여성은 오로지 자신의 동작에만 정신이 팔린 상태예요. 이 사진 속 여인은 보여지는 자신을 의식하지 않고 있는 모습이라는 것이지요. 반면 무제영화 스틸 81번의 여성은 거울을 통해 거울 뒤에 있는 누군가와 이야기를 나누고 있는 장면이라고 말합니다. 그러니까 무제영화 스틸 81번의 경우에 거울을 보는 여성은 자신 뒤에 자신과 친한 누군가가 서 있음

을 의식하고 그와 이야기를 나누고 있다면, 무제영화 스틸 2번의 여성
은, 실지로는 누군가 멀리서 그녀를 훔쳐보고 있는데도, 아무도 없다고
믿고 혼자서 자신의 모습을 바라보는 데만 여념이 없다는 것입니다.* 여
러분은 이 둘을 구별할 수 있나요? 둘 사이에 어떤 차이가 있나요?

---

* 길다 윌리엄스, 『현대미술 글쓰기』(김효정 옮김, 안그라픽스), 86쪽.

무제영화 스틸 81번.

무제영화 스틸 2번.

셀카는 사진이기만 한 것이 아니다

셀피? 셀카?

우리에게는 '셀카'라는 단어가 더 익숙하지만 외국에서는 '셀프 포토그래피'의 줄임말 '셀피(Selfie)'라는 단어가 더 널리 사용됩니다. 애플을 포함한 기업들이 스마트폰에 해상도 높은 전면 카메라를 장착하고, 사진을 공유할 수 있는 페이스북이나 인스타그램 같은 SNS 플랫폼이 셀카의 기술적 출발점이었어요. 2011년 1월 27일 인스타그램이 해시태그를 도입한 날, 오클랜드 출신의 제니퍼 리가 인스타그램에 "Selfie"라는 해시태그를 붙인 자신의 사진을 올린 게 그

미국의 사진가 로버트 코넬리우스. 다게레오타이프로 자신의 모습을 찍어 사진으로 남겼다.

이폴리트 바야르가 자신을 익사한 시체로 연출해 찍은 사진.

기원이었다고 하네요. 급기야 2013년 11월 19일 옥스퍼드 사전은 셀피를 '올해의 단어'로 선정했어요.

　우리가 사용하는 '셀카'라는 단어는 '셀프 카메라'를 줄인 말이에요. '셀피'가 '자기 자신'과 '사진'이라는 두 단어의 합성어라면 '셀카'는 '자기 자신'과 '카메라'의 합성어지요. 그런데 '셀피'보다는 '셀카'라는 단어가 오늘날 우리가 만들어 가는 문화를 지칭하는 데 더 적합해 보입니다. 셀피는 기본적으로 자기 자신(셀프)을 대상으로 찍은 사진(포토그래피)을 지칭하는 단어예요. 다른 사람이 아니라 자기 자신을 찍은 사진이라면 그 역사는 상당히 오래전으로 거슬러 올라갑니다. 이미 1839년 미국의 사진가 로버트 코넬리우스가 다게레오타이프로 자신을 찍은 사진을 남긴 바 있고, 1840년 사진가였던 이폴리트 바야르가 자신을 익사한 시체로 연출해 찍은 사진 'Self - Portrait as a Drowned Man'은 더 유명하지요.

다른 사람이나 사물 혹은 풍경이 아니라 자기 자신을 카메라 앞에 세웠다는 점에서 이 사진들은 '셀프 포토그래피'에 해당됩니다. 하지만 이런 사진은 오늘날 우리가 참여하고 만들어 가고 있는 문화현상과는 큰 관련이 없어요. 이 사진은 자신을 대상으로 찍은 실험적 시도였을 뿐 다른 사람들과 공유될 수도 없었고 - 더구나 다게레오타이프는 한 장의 은판 외에는 복제도 불가능했으니까요. - 사진을 매개로 사람들 사이의 어떤 사회적 상호작용도 불러내지 못했기 때문이에요. 오늘날 셀카 문화에서 중요한 것은 자기 자신을 대상으로 찍은 사진 그 자체가 아니에요. 이 문화의 중심은 자신의 사진을 SNS로 공유하고 '좋아요'와 댓글을 받는 일련의 사회적 상호작용에 있어요. 여기서 핵심 역할을 수행하는 건 자기 자신을 찍은 사진(셀프 포토그래피) 그 자체가 아니라, 일상 속 자신의 모습(셀프)을 찍어 네트워크에 공유하고, 그를 매개로 사회적 상호작용을 할 수 있게

해 주는 스마트폰(카메라)입니다. '셀피'보다 '셀카'라는 말이 더 적합하다고 여기는 이유입니다.

가족 구성원으로서의 나의 사진

셀카 문화의 성격을 이해하기 위해서는 스마트폰 카메라로 사진을 찍는다는 것이 이전까지 사진을 찍는 것과 어떻게 다른지 생각해 보아야 합니다. 결론을 미리 말하자면 스마트폰 카메라는 사진을 찍는다는 행위의 성격을 크게 변화시켰어요. 사진을 찍는 일을 우리 일상의 하나로, 그것도 각 개인의 용무로 바꾸었지요.

카메라의 역사를 조금 거슬러 올라가 볼까요? 처음에 카메라는 특별한 삶의 순간을 기록하기 위한 장치였어요. 카메라 자체가 비쌌고 그를 사용하려면 전문적 기술이 요구되었기에 사진을 찍으려면 전문 사진가가 운영하는 사진관에 가야 했어요. 사람들은 아이가 태어난 지 백일이나 1년이 되는 특별한 날에 사진관을 찾아 그곳에 마련되어 있는 스튜디오에서 기념사진을 찍었어요. 그러고는 크게 확대해 액자에 담아 집에 걸어 두거나 앨범에 보관했어요. 그 아이가 자라 입학하거나 일정한 교육과정을 마치고 졸업하는 일은 가족에게는 특별한 사건이었으니 입학식과 졸업식 같은 행사 때에도 사진을 찍었지요. 결혼 역시 사진으로 남겨야 할 특별한 삶의 순간이었

죠. 이때는 사진관을 찾아가는 대신 입학식, 졸업식, 결혼식 등의 행사가 벌어지는 장소를 찾아온 전문 사진가가 당사자와 가족들의 사진을 찍어 줍니다. 이런 방식으로 기념사진을 찍는 관습은 지금도 통용되고 있고 여러분도 경험해 본 적이 있을 거예요.

그런데 이처럼 특별한 삶의 순간을 기록하는 사진은 사회적 규범의 영향을 받기 마련이에요. 사진을 찍게 된 계기인 백일, 돌, 졸업식, 입학식, 결혼식 등이 그 사회의 규범에 따라 생겨나고 의례화된 이벤트이기 때문이지요. 결혼식을 하는 신랑과 신부는 그날만을 위해 마련된 특별한 옷을 입고, 헤어스타일도 바꾸고, 메이크업을 받습니다. 이 결혼식에 참여하는 예의를 아는 하객들도 입고 가야 할 옷과 헤어스타일 등에 신경을 쓰지요. 사회적 이벤트가 지니는 규범적 성격이 거기에 참여하는 구성원들의 모습과 태도를 규제하고 있다는 것이에요. 누군가의 장례식에 조문을 가는 사람이 검은 옷을 챙겨 입는 것도 이 때문이지요.

백일, 돌, 졸업식, 결혼식, 장례식 등의 특별한 삶의 순간을 규제하는 사회적 규범은 사람들에게 그에 어울리고 적합한 옷과 몸가짐을 갖추게 합니다. 그러니 이렇게 의례화된 이벤트에서 찍는 사진도 이 규범의 영향을 받는다는 건 당연한 일이지요. 이 사실은 백일 사진, 입학식이나 졸업식 사진, 결혼식 사진을 찍는 사람들의 자세나 포즈에서 드러나요. 지금은 많이 바뀌었지만 십수 년 전까지만 해도 남자아이는 벌거벗고 의자에 앉은 모습으로 백일 사진을 찍었어요. 지금도 졸업 사진은 졸업장과 꽃다발을 양손에 들거나 학사모를 쓴 자세로, 결혼식 사진이라면 늘 신랑 신부를 중심에 두고 가족과 친구들이 좌우로 죽 늘어서 축하하는 모습으로 찍는 관습이 남아 있지요? 이런 사진 찍기에서는 어떤 자세나 표정으로 포즈를 취해야 하는지가 사회적으로 규정되어 있다는 것이에요.

　나 자신 혹은 오빠나 언니의 입학식이나 졸업식, 친지의 결혼식 사진에서 그에 어울리는 포즈를 취하고 있는 나는 어디까지나 가족이나 친척의 사회적 관계 속의 한 구성원이에요. 내가 입학이나 졸업식 행사의 주인공일 때 나 혼자만 등장하는 '독사진'도 찍을 수 있지만 그 사진 속 나의 포즈와 태도, 표정들도 그 사회적 의례, 거기에 참여한 다른 사람들이나 내 사진을 찍어 주는 가족 구성원의 기대에 의해 규정되지요. 이런 사진들은 대부분 인화되어 가족 앨범에 꽂혀 우리 가족의 역사의 일부가 됩니다. 그 앨범 속에서는 나의 독사진에도 '누구의 졸업식'이라는 라벨이 붙어요. 이 사진들을 보는 사람들의 범위도 대개는 가족 구성원에 한정되고, 그 사진은 우리 가족 공동체의 유대감을 강화하는 데 기여하지요. 한마디로 이런 종류의 사진 속에 등장하는 나는 '가족 구성원으로서의 나'라는 것입니다.

개인으로서의 나의 사진

모든 가정이 카메라를 소유하고 일반인도 카메라를 손쉽게 다룰 수 있게 되면서 사진으로 기록될 수 있는 삶의 범위도 넓어집니다. 부모들은 백일이나 돌처럼 특별한 삶의 순간뿐 아니라 날마다 성장하는 아이의 모습이나 가족 여행 등의 일상도 사진으로 남기기 시작해요. 하지만 이때에도 사진 촬영과 인화는 여전히 비용과 시간이 드는 일이었어요. 이러한 상황은 1980년대에 디지털 카메라가 등장하고, 2000년대에 들어서 휴대폰 카메라가 보급되면서 급격하게 바뀌게 됩니다. 찍은 사진을 즉시 확인할 수 있고 별도의 비용을 들여 인화할 필요도 없는 디지털 카메라가 휴대폰과 결합됨으로써 카메라는 각 가정에 한 대만 있어서 특별한 일이 있을 때 별도로 챙겨야 하는 장비가 아니라, 각자가 매일 휴대하고 다니는 일용품이 되었어요. 이러한 사정은 사진 찍기의 성격을 어떻게 변화시켰을까요?

무엇보다 우리는 특별한 삶의 순간이 아니라 일상적 삶의 순간들을 자유롭게 사진으로 기록할 수 있게 되었어요. 이제 언제, 무엇을, 어떻게 찍을지를 카메라를 손에 쥔 내가 결정할 수 있어요. 일상에서 접하는 모든 것을, 내가 원할 때 원하는 방식과 구도로, 원하는 만큼 찍을 수 있지요. 사진을 찍는 일이 일상화되고 개인화된 것이에요. 이에 따라 나 자신이 등장하는 사진도 그 성격이 변화합니다.

이전까지의 나의 '독사진'은 주로 특별한 삶의 순간에 가족 구성원이 찍어 주었다면, 이제는 내가 내 손에 있는 카메라로 나의 사진을 찍을 수 있게 되었어요. 입학, 졸업, 결혼식 등 특별한 삶의 순간의 사회적 규범에서 자유롭게 오로지 나의 취향에 따라 찍는 나의 사진, 곧 셀카가 등장한 거예요. 내가 원하는 순간에, 내가 원하는 포즈로, 누가 그를 보게 될지 염려하지 않으면서 찍는 나의 사진, 보여지고 싶은 나의 욕망에 충실한 나의 사진이 비로소 가능해진 것입니다.

내 사진을 공유한다는 것

오늘날 우리가 매일 들고 다니는 스마트폰은 전화기라기보다는, 전화와 문자 등의 소통 기능이 부가된 고급 카메라에 가깝지요. 우리는 내 모습을 촬영하는 것을 넘어 그 사진을 네트워크에 공유할 수 있게 되었어요. 구글의 통계자료에 의하면 2014년 기준 전 세계적으로 매일 평균 9,300만 장의 셀카가 네트워크에 업로드되고 있다고 해요. 우리가 본격적인 셀카 문화 속에 있음을 보여 주는 어마어마한 숫자이지요. 우리는 왜 자신의 사진을 소셜 네트워크에 공유하는 것일까요? 자기 사진을 공유한다는 건 어떤 의미가 있는 것일까요? 먼저 페이스북, 인스타그램 같은 소셜 네트워크가 우리에게 어떤 의미가 있는지부터 생각해 봅시다.

소셜 네트워크에 있는 나의 계정은 세계를 향해 나 있는 오직 나만을 위한 통로와도 같다고 생각해요. 우리는 그를 통해 세상을 향해 이야기하고, 하소연하고, 갑갑함을 호소하거나 위로를 받기도 하지요. 억울한 일을 당한 사람이 거리에서 혹은 지하철에서 "사람들아! 내 말 좀 들어 봐요.", "세상 사람들아, 날 좀 봐 주세요!"라고 소리친다 해도 실지로 내 말을 듣거나 날 볼 수 있는 사람들은 주변의 소수에 불과하겠지요. 하지만 소셜 네트워크에 올린 나의 사진이나 말, 짧은 글들은 원리적으로는 인터넷에 접속할 수 있는 모든 사람에게 도달할 수 있어요. 이 점에서 소셜 네트워크는 이전까지 우리가 경험해 보지 못한 완전히 새로운 소통 방식을 가능하게 했어요. 내가 아는 주변의 몇몇 사람이 아니라, 네트워크에 접속할 수 있는 익명의 다수, 말 그대로 '세상 사람들'을 향해 자신의 모습을 보여주고 자기 이야기를 할 가능성이 현실화된 셈이지요.

우리는 위에서 자기의식이 보여지는 나의 모습에 대한 사람들의 반응을 통해 자기의식이 형성되는 것임을 보았어요. 특별한 순간에 찍는 사진 속의 나의 모습은 입학식, 졸업식, 결혼식 등의 사회적 규범과 가족 구성원이라는 정체성에 의해 규정되어요. 이때 보여지는 나의 모습, 사진으로 기록되는 나의 모습은 그 시간과 장소의 규범이 나에게 요구했던 포즈로, 그 순간의 사회성에 어울릴 만한 모습이라고 인정된, 사회적으로 승인받은 나의 모습이지요. 이런 사진을 찍을 때 나는, 의식적으로건 무의식적으로건, 사람들이 기대하는 나의 모습을 연출하게 돼요. 그 사진을 찍는 순간 작동하는 사회적 규범이 나의 모습을 규정하고, 나는 사람들이 내게서 보기를 원하는 모습에 나의 모습을 맞추고 있는 것이지요.

이와는 달리, 내 손에 쥔 스마트폰 카메라로, 내가 원하는 나의 모습을 찍어 소셜 네트워크에 공유하고, 사람들로부터 '좋아요'를 얻을 때 자기의식과 사회적 규범의 관계는 반대로 뒤집혀요. 여기서 나는 나 스스로 찍은 나의 사진을 네트워크에 올리고 사람들로부터 반응을 얻지요. 그 사진이 사람들로부터 긍정적인 반응을 얻을 때 (그렇지 않을 수 있는 경우에 대해선 뒤에서 이야기해요.) 우리는 나 스스로가 선택한 나의 모습이 사회적으로 승인받는 진귀한 경험을 하는 것이에요. 사람들이 원하는 모습에 나를 맞추는 것이 아니라 내가 선택한 나의 모습, 보여지고 싶은 나의 모습이 네트워크로 연결된 '세상 사람들'에게 인정받는다는 거예요.

세상 속에 있는
나

내가 지금, 여기, 이렇게 있어요

셀카 문화를 부정적으로 보는 사람들도 적지 않습니다. 그에 따르면 자신의 사진을 찍어 소셜 네트워크에 올리는 사람은, 자신이 특별하거나 우월하다고 여기는 자기중심적 나르시시스트거나, 자신의 낮은 자존감을 가상적 자아를 통해 은폐하려는 사회 부적응자로 여겨집니다. 셀카 활동은 과도한 자기애에 빠진 사람의 자기만족이거나, 부족한 자존감을 느끼고 외롭게 사는 자의 현실도피라는 거죠. 과도한 자기애와 부족한 자존감이라는 서로 상반되는 성향이 셀카의 원인으로 언급되는 거지요. 언뜻 봐도 모순적인 이런 견해의 사실성 여부는 따지지 않는다 해도 어쨌든 여기서 셀카는 현실 세계와는 동떨어진 자폐적 활동인 것으로 치부되고 있어요. 셀카는 지나치게 높은 자존감으로 인해 다른 사람을 불편하게 하거나, 허약한 자존감 때문에 사람들과의 교제를 꺼리는 비사회적인 사람들의 활동이라는 거예요.

정말 셀카는 현실 세계에서 고립된 자폐적 활동일까요? 셀카 속에 등장하는 나는, 현실에서의 나와는 분리된 허황되거나 가상적인 자신일 뿐일까요? 셀카 문화를 면밀히 살펴보면 이런 견해는 피상적이라는 걸 알게 돼요. 자신의 사진을 찍어 소셜 네트워크로 공유하는 이는 세상으로부터 고립된 자폐적 개인이 아니에요. 셀카에서 중요한 건 그냥 자기 자신이 아니라 '세상 속에 있는 자기 자신'이기 때문이에요. 셀카가 자기 자신을 찍은 독사진과 다른 점이 여기에 있습니다.

소셜 네트워크에서는 내가 올렸던 사진, 이미 사람들의 '좋아요'나 댓글을 받은 포스팅들은 시간이 지나면 타임라인에서 밀려나 보이지 않게 됩니다. 우리는 이에 대해서 크게 신경 쓰지 않지요. 앨범에 꽂아 두었던 내 사진이 없어졌다면 놀라고 당황하겠지만요. 완전히 삭제된 게 아니라 여전히 내 계정에 남아 있으리라는 믿음 때문이기도 하겠지만, 그보다 중요한 것은 그 사진들이 앨범에 꽂힌 사진과는 기능과 성격이 다르기 때문일 거예요. 가족 앨범에 꽂힌 사진이 나와 가족이 함께 했던 과거를 떠올리는 매개체로 기능한다면, 소셜 네트워크에 공유된 내 사진은 그 사진을 찍고 공유한 순간의 내 모습에 대한 사회적 승인의 매개체예요. 여기서 중요한 건 '그때 내가 이랬었지'라는 과거의 회상이 아니라, 세상을 향해 '내가 지금, 여기, 이렇게 있어요'라는 자기 삶의 표명이라는 말이에요.

여기서 말하는 '지금'이란 사진을 찍은 순간의 시간이고, '여기'란 그 사진을 찍은 장소라면, '이렇게'는 그 시간과 장소에 내가 '있는',

구체적인 방식이겠지요. 소셜 네트워크에 공유되는 사진에는 그 사진이 찍힌 시간이나 장소와 맥락, 곧 '지금, 여기, 이렇게'의 정보가 부가됩니다. 스마트폰 카메라가 이미 사진을 찍는 순간 시간과 장소 등의 메타정보를 생성하고, 소셜 네트워크 플랫폼에는 이에 기반해 사진을 업로드할 때 촬영 장소 등이 자동적으로 태깅되는 '지오태그 (geotag)' 기능도 제공합니다. 거기에다 우리 자신이 해시태그나 댓글 등을 통해 이 사진이 어디서, 어떤 순간에 찍힌 것인지를 형광펜으로 줄을 긋듯 강조하지요.

　이 점에서 가족 앨범에 보관된 내 사진과 네트워크에 공유된 셀카는 상당히 다른 의미를 갖습니다. 종이로 인화해 앨범에 꽂아 보관하는 내 사진들이 나의 과거를 회상하고 기억하기 위한 것이라면, SNS에 올린 나의 사진들은 그 시간과 장소에 그렇게 있는 나, 다시말해 세상 속에서 살아가고 있는 나의 모습을 바로 그 세상을 향해 드러내는 자기 표명이라는 것입니다. 셀카를 공유하는 사람은 세상으로부터 고립된 개인이 아니라 지금, 현재의 세상 속에서 살아가고 있는 자신의 모습을 세상을 향해 이야기하고 '좋아요'나 댓글로 세상 사람들의 반응을 기대하는 사회적 인간인 것입니다.

● 유명인과 함께 있는 나의 모습, 팬 셀카

셀카 중에는 아이돌이나 연예인, 스포츠 스타 등의 유명인과 함께 있는 자신을 찍은 것도 있어요. '팬 셀카'라 부르지요. 팬 셀카에서는 셀카에 부가되는 '지금, 여기, 이렇게'의 정보 중 '내가 지금 누구와 함께 있다'는 것이 두드러집니다. 팬 셀카 속에서 내가 지금 '함께 있는' 이는 내가 사는 세상의 셀러브리티(Celebrity)들이에요. 팬 셀카를 찍으려면 나는 특별히 시간을 내서 그들이 있는 장소로 가, 그들과 만나야 합니다. 나만의 공간에서 나와서 세상을 향해야 합니다. 나 혼자가 아니라 다른 많은 사람이 좋아할 만한 셀럽과 함께 있는 팬 셀카는 세상과 적극적으로 관계 맺고 있는 나를 보여 줍니다.

당연한 말이지만 '팬 셀카'는 스마트폰과 소셜 네트워크가 등장하고 나서야 생겨났어요. 그런데 사진이라는 매체가 발명되기 훨씬 전부터 사람들이 당대의 셀럽들 곁에, 그들과 같은 공간에 있는 자신의 이미지를 만들어 왔다는 사실을 아시나요? 이때의 유명인들이란 오늘날처럼 연예인이나 아이돌, 축구선수가 아니라 예수나 성모, 선지자들과 같은 종교적 성인들이었어요.

1400년경 르네상스 화가 로렌초 모나코가 그린 그림은 겟세마네 동산에서의 일화를 다루고 있어요. 다가오는 십자가 처형을 앞둔 예수가 계곡 깊숙한 곳에서 기도를 드리는 동안 그의 제자들은 잠에 빠져 있습

◆ 로렌초 모나코, 「동산에서의
　고뇌」, 1400년.
● 프라 필리포 리피, 「마돈나
　델 케포」, 1440년.
■ 도메니코 기를란다요, 「성모
　의 탄생」, 1490년.

니다. 그런데 그림의 왼쪽 아래 이 그림을 의뢰한 사람이 모자를 벗고 무릎을 꿇은 경건한 자세로 작게 그려져 있어요. 화가에게 이 그림을 그려 달라고 의뢰한 사람의 모습이에요.

1440년 프라 필리포 리피가 그린 그림에는 이 그림을 의뢰한 이탈리아의 무역상인 프란체스코 다티니가 네 명의 선인들과 함께 성모 앞에 무릎을 꿇고 있습니다. 아기 예수를 무릎에 앉힌 성모 옆으로 세례요한과 슈테판 성자가 서 있어요. 이 그림들 속에서 의뢰자는 자신이 숭배하는 종교적 인물들이 있는 공간에 그들과 함께 있는 모습으로 등장합니다. 하지만 감히 그 성인들과 동급으로 여겨질 수 없다고 느껴 작은 크기의 소인처럼 그려졌어요.

1490년 도메니코 기를란다요가 그린 「성모의 탄생」은 성모 마리아의 모친인 안나가 성모를 출산하는 장면을 그렸어요. 침대에는 막 아이를 출산한 안나가 누워 있고, 유모들이 갓 태어난 성모의 몸을 씻겨 주고 있어요. 이 출산 현장에 이 그림을 의뢰한 토르나부오니 가문의 여자들이 서 있습니다. 그런데 이 경배 일행은 크기나 복장에서도 안나와 유모들과 구별되지 않습니다. 침대에서 반쯤 몸을 일으켜 세운 안나와 유모 중 한 명이 이들을 쳐다보고 있어 이들이 실지로 마리아가 탄생하는 '바로 그 시간에 그 장소에 있다'는 인상이 더 강해집니다.

당대인들이라면 모르는 자가 없는 유명인 곁에 의뢰인의 모습을 그려 넣은 이 그림들이 개인 저택이 아니라 성당이나 기도원에 걸렸었다는

God_Fan_account · · ·

점을 생각하면, 이 그림들의 사회적 기능은 오늘날 팬 셀카와 유사해 보입니다. 오늘날의 소셜 네트워크 정도는 아니지만 그래도 많은 사람이 접근할 수 있는 장소였기 때문이지요. 물론 예수나 성모라는 종교적 인물에 대해 신앙심 깊은 당대인들이 가졌던 경배와 존경의 감정과 오늘날 아이돌이나 연예인에 대해 우리가 갖는 감정은 다르겠지요. 하지만 700여 년 전 그려진 이 그림들에서는 오늘날 팬 셀카에서와 유사한 사회적 욕구가 작동하고 있어요. 세상 속에 있는 자신, 세상과 관계 맺고 있는 자신을 세상을 향해 표명하려는 욕구 말입니다.

세상을 바꾸어 가는
나

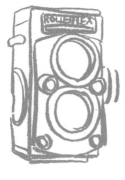

해시태그 운동

오늘날 셀카는 해시태그와 결합해 온라인 사회운동에 참여하는 중요한 형태가 되었어요. 우리는 공공공간에서 개최되는 집회에 나가 함께 목소리를 내며 요구하고 항의하는 대신, SNS에 셀카를 공유함으로써 사회적 흐름을 만들어 내지요. 여기서 셀카는 새로운 정치적 행위의 가능성을 제공합니다. 여기서 셀카의 주체는 세상에서 단절되고, 고립된 주체가 아니라 늘 세상 속에 있으며 바로 그를 통해 그 세상의 변화를 만들어 내는 주체입니다.

2014년 9월 유엔(UN)에 의해 주창되어 진행 중인 #HeForShe 운동을 예로 들어 봅시다. 이전보다 나아지긴 했어도 아직 사회 많은 분야에서는 양성 불균등이 작동하고 있어요. 같은 일을 하더라도 여성이 남성보다

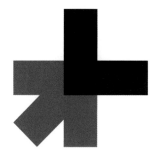

HeForShe

#HeForShe 운동 로고.

#HeForShe
해시태그 운동.

낮은 임금을 받거나, 엔지니어, 비행기 조종사 등등의 특정한 분야의 직업은 여성에게는 적합하지 않다는 등의 스테레오 타입도 남아 있습니다. 여성에 대한 폭력과 차별들도 여전해요. 2014년 9월 엠마 왓슨의 유엔 연설과 더불어 시작된 #HeForShe는 성별에 대한 부정적인 고정관념을 없애고 양성평등을 증진하기 위한 범세계적 연대 운동이에요. 이 캠페인의 제목 'He for She'는 양성평등이 단지 여성들의 이슈만이 아닌 남녀 공동의 문제임을 이야기하며 여성들을 위한 남성들의 지지를 강조하고 있어요.

우리가 주목하는 건 #HeForShe 해시태그 운동입니다. 참여 방법은 간단합니다. #HeForShe라고 쓰인 팻말을 든 자신의 셀카를 찍어 소셜 네트워크에 공유하는 거예요. 지금까지 전 세계의 많은 남성이 셀카를 통해 이 운동에 대한 지지를 표명해 왔어요.

해시태그를 붙인 셀카를 네트워크에 공유할 뿐인 이 활동이 어떤 점에서 사회적 참여일 수 있을까요? 어떤 방식으로 셀카가 이 운동이 지향하는 사회 변화에 기여할 수 있는 걸까요?

앞에서 우리는 네트워크를 통해 접속된 세상 사람들에게 내가 '지금, 여기, 이렇게' 있음을 공표하는 셀카가 이미 사회적 성격을 갖고 있음을 보았어요. 해시태그를 붙인 셀카를 공유하는 나는 내가 살고 있는 세상의 이슈에 대한 나의 입장과 태도를 세상을 향해 공표하는 거예요. 나는 양성이 평등한 사회를 원하며 그를 위해 애쓰겠다고, 자신을 걸고 약속(commit)하는 것입니다. 나를 드러내지 않는 익명적 후원이나 지지가 아니라, 나 스스로 선택한 나의 모습을 모두에게 드러내는 공개적 '아웃팅'이라는 점에서 이 약속은 특별한 구속력을 갖지요. 나를 아는 주변의 몇몇 사람들을 넘어 내가 올린 셀카를 통해 나를 볼 수 있는 수많은 사람들, 곧 세상 사람들 앞에서 한 약속이기 때문이에요.

이런 해시태그 운동은 보는 사람들에게도 적지 않은 영향을 줍니다. 오프라인 집회에서라면 모인 군중 속에 파묻혀 버릴 참여자들이 여기서는 서로 다른 얼굴, 나이, 직업 등의 구체적 프로필을 가진 개인들로 드러나 보입니다. 세상의 변화는 사람들의 생각과 행동의 변화에서 출발해요. 오프라인 사회운동만으로는 그 운동을 통해 사람들의 생각과 행동이 바뀌고 있는지 확인하기 힘들었어요. 그런데 여기서는 참여자 각자의 모습이 소셜 네트워크에 접속된 모든 사람에게 보여집니다. 참여자들이 늘어날수록 우리는 이 운동의 지향이 현실화될 가능성을 피부로 느낄 수 있게 됩니다.

'다르게' 봄을 만들어 내는 셀카

2014년 8월 당시 열여덟 살이던 흑인 청소년 마이크 브라운(Mike Brown)이 미국 미주리주 경찰에게 사살되는 사건이 일어났어요. 미국의 주류 언론 NBC는 이 사건을 보도하면서 이 청년의 셀카 중 하나를 골라 게시했습니다. 민소매 스포츠 티를 입고, 도전적인 시선으로 손으로는 갱 사인을 하고 있는 사진이에요. 그런데 청소년이라면 한 번쯤 찍을 법한 이 사진은, 경찰에게 사살된 무고한 피해자를 어딘가 불량스럽게 보이게 합니다. 사람들에게 흑인에 대한 편견 - 할렘가, 갱, 범죄…… - 을 환기시켜 결과적으로 경찰의 행위를 은근히 두둔하는 효과를 일으키기도 합니다.

이에 대해 한 트위터 사용자가 "#if They Gunned Me Down,

Which Picture Would They Use(경찰이 나를 쏘아 쓰러뜨린다면 어떤 사진을 사용할까)"라는 해시태그와 함께 자신의 사진 두 장을 포스팅하면서 운동이 시작되었어요. 건실한 시민의 모습과 대조적으로 어딘가 불량해 보이는 모습의 사진이었지요. 이에 호응해 많은 이들이 참여하면서 해시태그 셀카 운동이 크게 벌어집니다. 학사모를 쓴 대

"경찰이 나를 쏘아 쓰러뜨린다면 어떤 사진을 사용할까" 해시태그 셀카 운동.

학 졸업 사진과 민소매 티셔츠와 삐딱한 모자를 쓰고 갱 사인을 하고 있는 사진, 유니폼을 입고 군무 중인 모습과 집에서 담배를 피고 있는 모습, 군복무 중인 자신과 후드 티를 입고 랩을 부르는 자신의 모습이 서로 대조된 포스팅을 올리고는, 경찰이 자신을 쏘고 난 후 '이 중 어떤 사진을 게시할까'라는 질문을 던집니다.

우리의 모습은 우리가 살아가는 매일의 시간과 장소, 상황에 따라 달라집니다. 등교할 때, 친구들과 어울려 놀러 나갈 때, 게임을 할 때, 좋아하는 아이돌 공연장에 갈 때 달라지는 건 우리가 입은 옷만이 아니에요. 그때그때 우리의 기분도, 우리의 말이나 행동도 함께 달라집니다. 우리는 학생이면서, 친구이고, 동시에 게이머이면서 사생팬이라는 서로 다른 정체성을 갖습니다. 나라는 존재는 이 중 어떤 하나로 환원되지도, 고정되지도 않습니다.

셀카는 이러한 우리의 복수적 정체성과 밀접한 관계를 갖습니다. 셀카가 '지금, 여기, 이렇게 있는' 나의 모습이라면, 셀카 속 나의 모습이 그때마다의 '지금', '여기', '이렇게'와 더불어 매번 달라진다는 건 너무도 당연하니까요. 나라는 존재는 내가 올린 셀카 중 하나로 환원되지 않습니다. '경찰이 나를 쏘아 쓰러뜨린다면 어떤 사진을 사용할까' 해시태그 운동은 이러한 사실을 깨닫게 합니다. 누군가 올린 셀카 중 하나만으로 그를 규정하려는 건, 미국 사회의 인종 문제라는 맥락에서는, 첨예한 정치적 사안이 될 수도 있어요.

나아가 이 해시태그 운동은 본다는 것에 대해 깊이 생각하게 합니다. 내게 있는 인종적 편견과 결합되면, 건실하고 착실한 사람도 불량스럽고 범죄를 일으킬 여지가 있는 사람으로 '보일 수' 있어요. 다른 사람의 모습을 보는 나의 시선 속에 내가 알지 못하는 사이에 편견과 선입견이 작동할 수 있다는 것입니다. 이 사실을 알게 되면 우리는 다른 사람과 세상을 나의 편견과 선입견과는 '다르게' 볼 수 있게 됩니다. 이 해시태그 운동은 많은 사람에게도 이 '다르게 보기'의 효과를 일으킵니다.

셀카 중독?

셀카를 소셜 네트워크에 올린다는 건, 특정한 시간과 장소에 있는 나를, 내 삶이 이루어지는 일상 속의 경험을 세상 사람들에게 보여 주는 것입니다. 내가 올린 포스팅에 사람들이 '좋아요'를 누르고 댓글을 통해 내 모습과 내가 한 경험에 감탄하고, 부러워하고, 축하해 주면 나의 존재감은 더 커지게 되지요. 지금, 여기, 이렇게 있는 나 자신의 모습이 긍정적으로, 우호적인 방식으로 '세상'에 받아들여진 것이기 때문이지요. 내가 선택한 '지금, 여기에 이렇게 있는' 나의 모습에 대한 사람들의 긍정적 반응은 나의 자존감을 강하게 할 수 있어요.

하지만 반대의 경우도 있을 수 있어요. 지금, 이 순간 나의 모습이 사람들에게 긍정적 반응을 불러내지 못한다고 느낄 때, 혹은 나의 일상이 인스타그램에 올라오는 다른 사람들의 일상과는 대조적으로 초라하고, 별 볼 일 없게 여겨질 때도 있습니다. 여기서 생겨나는 상처나 상실감은 어떻게 해서든 긍정적 반응을 얻기 위한 강박으로 이어질 수도 있어요. 2014년 영국에서는 대니 보먼이라는 청소년이 자살을 시도한 적이 있어요. 매일 열 시간 넘게 하루 200장 이상의 셀카를 찍다가 원하는 사진이 나오지 않자 분노와 좌절감에 사로잡혔기 때문이에요. 이로부터 '셀카 중독(Selfieaddict)'이라는 말도 생겨났어요. 사람들에게 긍정적으로 보여지고 싶은 욕망이 강박적으로 되어 생겨난 현상이지요.

하지만 생각해 보면 '셀카 중독'이라는 말로 지칭되는 이 문제는 셀카 자체의 문제가 아닙니다. 여기서 보다 근본적인 문제는 자기의식이에요. 사회적 존재로서의 모든 인간의 자기의식에는 긍정적으로 보여지고 싶은 욕망이 자리 잡고 있습니다. 그런데 긍정적으로 보여진다는 건, 위에서 보았듯, 당대의 가치 규범이 보고 싶어 하는 나의 모습을 '나'라고 받아들인다는 것이기도 합니다. 나를 보는 나의 시선에서조차 작동하는 타인의 시선에 나를 맞추어 나간다는 것이에요. 그러기를 원치 않는다면 우리는 '다르게 보기'를 감행해 타인의 시선에 저항하는 길을 택해야 해요. 우리의 삶은 이 둘 사이의 갈등 속에서 펼쳐집니다.

셀카는 이 접점에서 작동합니다. 셀카는 다른 사람의 시선에 부합하는 나의 모습을 올려 긍정적 반응을 얻는 매개체가 될 수도 있지만, 또한 그 시선과는 다른 모습을 보여 줌으로써 그 시선에 내재한 규범과 가치 자체를 변화시키는 매체가 될 수도 있어요. 사우디아라비아 여성들이 네트워크에 공유한 운전대에 앉은 자신의 모습은 당대 사람들에게 격렬한 부정적 반응을 불러냈습니다. 하지만 기존의 가치 규범에는 도발적으로 여겨지던 여성의 '다른' 모습이 보여지고 공유되어 확산되면서 결국 이 가치 규범 자체를 바꾸고 있지요. 우리는 시선과 관련한 두 가지 능력을 알고 있습니다. 다른 사람의 시선으로 자신을 볼 수 있는 능력과 동시에 '다르게' 볼 수 있는 능력, 그를 통해 그 다른 사람의 시선에 저항할 수 있는 능력이에요. 이 능력이 셀카와 결합된다면 '경찰이 나를 쏘아 쓰러뜨린다면 어떤 사진을 사용할까' 해시태그 운동에서처럼 우리 시선에서 작동하고 있는 선입견이나 스테레오 타입을 극복할 수도 있어요.

내가 올린 셀카는 지금, 여기, 이렇게 살아가는 나의 모습을 세상에 공표하는 거예요. 그것은 사람들의 긍정적 반응을 불러낼 수도, 그렇지 않을 수도 있어요. 나 스스로가 선택한 나의 모습, 진정 내가 원하는 나의 '지금, 여기, 이렇게'의 모습이 사람들의 부정적 반응을 얻었다면, 그건 우리 사회의 규범과 가치에 어떤 균열과 변화가 일

어나는 순간일 수 있어요. 그건 세상을 바꾸는 첫 출발점일 수도 있지요.

여러분이 실험의 주체

오늘날 우리가 살아가는 매체적 환경은 가능성과 위험을 함께 지니고 있어요. 모든 사람이 카메라가 장착된 스마트폰을 가지고 다니며 언제, 어디서든 사진을 찍을 수 있게 되면서 내가 원하지 않는 나의 모습이, 내가 원하지 않는 방식으로 찍힐 가능성도 높아졌어요. 지하철이나 화장실 불법촬영의 피해자가 될 수도 있고 누군가 거리에서 사진을 찍거나 유튜브 방송을 할 때, 얼결에 내 모습이 찍힐 가능성도 커졌지요. 내가 찍어 인스타그램이나 페이스북에 올린 나의 사진도 다른 사람에 의해 저장 혹은 캡처되어, 심지어 변형, 합성되어 나를 '디스' 하는 이미지로 바뀔 수 있어요. 남자친구가 만들어 준 멋진 사슴뿔 장식을 찍어 소셜 네트워크에 올렸는데, 그로 인해 남자친구가 '사슴 살해범'으로 몰리는 영화 「서클」의 에피소드처럼 내가 찍어 올린 사진이 때에 따라 내가 생각지도 못한 반응을 불러내 날 곤혹하게 할 수도 있습니다.

이전보다 훨씬 쉽고 간단하게 나의 사진을 찍고 세상에 공유할 수 있게 되었지만, 그를 가능하게 한 바로 그 기술적 조건이 다른 위험들도 초래할 수 있어요. 이처럼 가능성과 위험성은 새로운 매체가 늘 품고 다니는 쌍둥이 자식과도 같아요. 그 위험에 대한 불안감이 그 매체 자체에 대한 거부감으로 이어지기도 합니다. 한 가지 확실한 것은 새로운 기술이 등장해 우리 삶의 조건을 변화시킴에 따라 인간은 늘 그에 맞는 생존과 적응의 능력들을 키워 왔다는 거지요. 자동차나 비행기가 처음 등장했을 때, 그것이 가져다준 편리함과 함께 사람들이 가졌을 불안과 공포를 생각해 보세요. 손 글씨가 자판으로 대치되고, 이메일이 손 편지를 대신하면서 인간의 소통 방식을 변화시킬 때도 늘 불안과 두려움의 목소리가 있었어요. 하지만 지금 우리는 그 모든 기술과 더불어 꽤 잘 살아 나가고 있지 않나요?

이런저런 시행착오를 거치겠지만 우리는, 우리 자신을 변화시켜 가며 새로운 기술들이 열어 주는 가능성과 더불어 살아 나갈 방법을 찾아갈 거예요. 위험에 대한 불안 때문에 그 가능성 자체를 실험해 보지 않는다면 이는 불가능합니다. 이 실험의 주체는, 새로운 기술에 민감하게 그를 가장 빠르게 자신의 것으로 만들면서도, 그저 주어진 대로만 받아들이지 않고 그를 변형할 능력을 갖춘 이들입니다. 바로 여러분이에요.

생각이 찾아오는 학교 너머학교

생각한다는 것
고병권 선생님의 철학 이야기
고병권 글 | 정문주 · 정지혜 그림

 탐구한다는 것
남창훈 선생님의 과학 이야기
남창훈 글 | 강전희 · 정지혜 그림

 기록한다는 것
오항녕 선생님의 역사 이야기
오항녕 글 | 김진화 그림

 읽는다는 것
권용선 선생님의 책 읽기 이야기
권용선 글 | 정지혜 그림

 느낀다는 것
채운 선생님의 예술 이야기
채운 글 | 정지혜 그림

 믿는다는 것
이찬수 선생님의 종교 이야기
이찬수 글 | 노석미 그림

 논다는 것
오늘 놀아야 내일이 열린다!
이명석 글 · 그림

 본다는 것
그저 보는 것이 아니라 함께 잘 보는 법
김남시 글 | 강전희 그림

 잘 산다는 것
강수돌 선생님의 경제 이야기
강수돌 글 | 박정섭 그림

사람답게 산다는 것
오창익 선생님의 인권 이야기
오창익 글 | 홍선주 그림

그린다는 것
세상에 같은 그림은 없다
노석미 글·그림

관찰한다는 것
생명과학자 김성호 선생님의 관찰 이야기
김성호 글 | 이유정 그림

말한다는 것
연규동 선생님의 언어와 소통 이야기
연규동 글 | 이지희 그림

이야기한다는 것
이명석 선생님의 스토리텔링 이야기
이명석 글·그림

기억한다는 것
신경과학자 이현수 선생님의 기억 이야기
이현수 글 | 김진화 그림

가꾼다는 것
'내-생태계'와 함께 성장하는 이야기
박사 글·그림

차별한다는 것
차별을 알면 다름이 보인다
권용선 글 | 노석미 그림

듣는다는 것
음악으로 듣는 너의 이야기
이기용 글 | 이유정 그림

보여진다는 것
보는 나와 보여지는 나 사이에서 살아가는 법
김남시 글 | 이지희 그림

그림을 그린 **이지희** 선생님은
1989년 경남에서 태어났습니다. 대학에서 시각디자인을 전공하고 한겨레일러스트레이션학교(Hills)에서 일러스트레이션을 공부했습니다. 오래되어 낡은 것들에 흥미를 느끼는 일러스트레이터입니다. 『말한다는 것』, 『경연, 평화로운 나라로 가는 길』, 『꿈을 지키는 카메라』, 『10대 나의 발견』, 『비행기 아랫배를 보았니?』 등에 그림을 그렸습니다.

● 사진 제공: Wikimedia Commons, 파리 군사박물관, 컬럼비아 미술관, 연합뉴스
● 일부 저작권자와 연락이 닿지 않은 사진에 대해서는 확인되는 대로 게재 허가를 받도록 노력하겠습니다.

보여진다는 것

2020년 9월 11일 초판 1쇄 발행
2022년 9월 20일 초판 3쇄 발행

지은이	김남시
그린이	이지희
펴낸이	김상미, 이재민
편집	서현미
디자인	정계수
종이	다올페이퍼
인쇄	청아문화사
제본	국일문화사
펴낸곳	주)너머_너머학교
주소	서울시 서대문구 증가로20길 3−12
전화	02)336−5131, 335−3366, 팩스 02)335−5848
등록번호	제313−2009−234호

ISBN 978−89−94407−80−7 44080
ISBN 978−89−94407−10−4 44080(세트)
www.nermerbooks.com

너머북스와 너머학교는 좋은 서가와 학교를 꿈꾸는 출판사입니다.